아이엘츠 스피킹 for Beginners

ed:m 어학연구소

아이엘츠 스피킹 for Beginners

초판 1쇄 발행	2019년 10월 28일
지은이	ed:m 어학연구소 & Christine Lee
펴낸이	서동성
총괄	최원혁
연구	이혜림 김수현 문희찬
디자인	유병현 엄영서
마케팅	오길훈 최소라 안성봉
동영상강의	www.edmclass.com
고객센터(교재관련문의)	02-562-5091

목차

아이엘츠 스피킹 for Beginners

1강 IELTS Speaking for Beginners

나 오늘
기분이 안 좋아

1강

나 오늘 기분이 안 좋아

Warm-up 오늘 학습에 필요한 어휘를 배워봅시다.

nervous	긴장한
actually	사실, 사실은
exam	시험(examination)
try	시도하다
best	최고의
excited	신난
sad	슬픈
worried	걱정되는
restaurant	식당, 음식점
married	결혼한
dancing	춤추기
singing	노래 부르기
shopping	쇼핑하기
travelling	여행
trouble	문제
solution	해결책

Dialogue 시험을 보기 전, 교실에서 Jane과 Mike가 만났습니다.
Jane의 기분이 좋지 않아 보이네요? 무슨 일일까요?

Hey, Jane. How are you?

Hey Mike. I'm getting really nervous, actually.

Oh, why's that?

I have an exam this afternoon and I'm not prepared for it.

Oh, don't worry. You're a good student. You will do fine.

Thanks, Mike. I'll try my best.

안녕, 제인. 오늘 기분이 어때?

안녕, 마이크. 사실, 나 엄청 긴장하고 있어.

왜?

나 오늘 오후에 시험 보거든. 그런데 나 시험 준비를 못 했어.

아, 걱정 마. 너 공부 열심히 하잖아. 시험 잘 볼 수 있을 거야.

고마워, 마이크. 최선을 다할 거야.

Pattern Practice

PATTERN 01

I'm getting + 형용사

나 (점점) ~하려고 해.

설명

"I'm getting + 형용사" 패턴은 어떤 상태나 상황이 변화하는 것을 나타낼 때 사용할 수 있습니다. 'get'이라는 동사는 기본적으로 '얻다'라는 뜻이 있지만 이 패턴에서는 변화의 의미만 나타낸답니다. 여기에 현재 진행형(be -ing) 시제를 사용하면 변화하는 현재의 상태를 더욱 부각하여 나타낼 수 있습니다. 다양한 '감정 형용사'를 사용하여 지금의 기분과 상태를 표현해 보세요.

Practice

01 나 점점 슬퍼지려 해.

____

02 나 점점 배고파지려 해.

____

03 나 신이 나려고 해.

____

04 나 걱정되려고 해.

____

Pattern Practice

PATTERN 02

I will try + 명사

나 ~해볼게.

설명

'try'는 '~을 시도하다, 노력하다, 애를 쓰다'라는 뜻을 가지고 있습니다. 지금까지 해보지 않았던 것에 도전하는 것이기 때문에 종종 미래 시제(will)와 함께 쓰여 의지를 나타낸답니다. 특별히 'I will try' 패턴 다음에는 시도하고자 하는 것의 명사형을 붙여 노력하고자 하는 의지를 나타내면 된답니다. 아주 간단하죠?

Practice

나 최선을 다해볼게.

____

내가 그거 해볼게.

____

내가 그 음식 먹어볼게.

____

나 그 레스토랑 가볼게.

____

Extra Pattern

I'm in the mood for + 명사/동명사

나 ~하고 싶은 기분이야.

'mood'를 분위기로 생각하시는 분들 많으시죠? 보통 'mood'는 기분이라는 뜻으로 쓰여요. 기분을 표현하는 다양한 방법 중에 'I'm in the mood for ~ '를 사용해보세요. 더욱 많은 기분을 표현할 수 있답니다.

01 나 춤추고 싶은 기분이야.

____

02 나 노래하고 싶은 기분이야.

____

03 나 쇼핑하고 싶은 기분이야.

____

IELTS Speaking for Beginners 아이엘츠 스피킹 빈출주제

힘든 상황 (Difficulty)

아이엘츠 스피킹에서는 힘든 일이 닥쳤을 때 어떻게 해결하려 노력하는지, 힘든 상황은 언제였는지 등에 대한 문제들이 출제되곤 합니다. 미리 아이디어를 정리해두는 것이 큰 도움이 될 거예요.

Q. What do you do when you are in trouble?

Sample Answer

When I am in trouble, I **get stressed**. But I **try my best** to find some good solutions.

저는 강아지를 좋아해서 모든 종류의 강아지를 좋아합니다. 또한, 저는 애완동물을 키우고 있고 그 강아지의 이름은 Bella입니다. 그녀는 매우 친근합니다.

Practice Answer

Pattern 01 I'm getting + 형용사

1. I'm getting sad.
2. I'm getting hungry.
3. I'm getting excited.
4. I'm getting worried.

Pattern 02 I will try + 명사

1. I will try the best.
2. I will try it.
3. I will try the food.
4. I will try the restaurant.

Extra Pattern I'm in the mood for + 명사/동명사

1. I'm in the mood for dancing.
2. I'm in the mood for singing.
3. I'm in the mood for shopping.

아이엘츠 스피킹 for Beginners

2강

IELTS Speaking for Beginners

동물 좋아하니?

2강

동물 좋아하니?

Warm-up 오늘 학습에 필요한 어휘를 배워봅시다.

animal lover	동물애호가
pet	애완동물
puppy	강아지
friendly	친근한
intelligent	똑똑한
well-behaved	예의 바른
wag	(꼬리를) 흔들다
Jazz	재즈
beer	맥주
student	학생
weather	날씨
study	공부하다
leave	떠나다
kind	(명)종류 / (형)착한

Dialogue 여러분은 동물을 좋아하나요? 동물에 관한 두 사람의 대화를 들어봅시다.

M: **Are you an animal lover?**

W: **Yes, I am. I love animals!**

M: **Do you have any pets?**

W: **Yes, I have a yorky puppy at home. Her name is Bella.**

M: **What is she like?**

W: **Bella is friendly, intelligent and well-behaved.**

She always wags her tail to welcome me when I get home.

M: 동물 좋아해요?

W: 네, 저는 동물을 아주 좋아해요!

M: 애완동물 기르세요?

W: 네, 저는 어린 요크셔테리어를 집에서 키워요. 강아지 이름은 벨라에요.

M: 벨라는 어떤 강아지에요?

W: 벨라는 상냥하고, 똑똑하고, 또 예의 발라요.

제가 집에 가면 벨라는 항상 꼬리를 흔들어서 저를 환영해줘요.

Pattern Practice

PATTERN 01

Are you a(an) 명사 person?

너 ~을 좋아하니?

설명

"너 ~을/를 좋아해?"라는 문장은 일상 생활에서 흔히 쓰이는 표현이죠? 매번 "Do you like ~ ?"라고 묻는다면 이번엔 새로운 표현을 하나 배워보는 건 어떨까요? 'Are you a(an) 명사 person?' 한글로 직역하면 '당신은 ~하는 사람입니까?'가 되겠지만 격의 없이 '당신은 ~을 좋아하세요?' 정도로 사용하실 수 있습니다. 예를 들어, '당신은 커피를 좋아합니까?'를 이제는 'Are you a coffee person?' 이라고 표현한다면 조금 더 현지 영어처럼 들리겠죠?

Practice

01 너 재즈 좋아하니?

____

02 너 동물 좋아하니?

____

03 너 영화 좋아하니?

____

04 너 맥주 좋아하니?

____

Pattern Practice

PATTERN 02

What is 명사 like?

~는 어때? (~에 대해 알려줄래?)

설명

우리는 종종 어떤 물건이나 사물에 대해 상대방의 의견을 물어봅니다. 어떤 물건을 사기 전에 의견을 묻고 싶다면 어떻게 영어로 표현하면 좋을까요? like라는 동사는 '좋아하다'라는 뜻이 있지만 '~와 같은'이라는 뜻으로 쓰여요. 그래서 'What is this like?'라고 표현한다면 '이거 어때?' 또는 '~에 대해 알려줄래?' 라는 의미가 됩니다. 한번 사용해보세요!

Practice

그 학생 어때?

____

그 영화 어때?

____

한국은 어때?

____

날씨가 어때?

____

Extra Pattern

It's time to 동사원형!

~할 시간이야!

'It's time to~' 패턴은 일상 생활에서 자주 쓰입니다. 여기서 to부정사(to + 동사원형)는 time을 수식해주는 to부정사의 형용사적 용법으로 사용되었네요.

01 공부할 시간이야!

____

02 밥 먹을 시간이야!

____

03 떠날 시간이야!

____

IELTS Speaking for Beginners 아이엘츠 스피킹 빈출주제

동물 (Animals)

애완동물을 기르는 것이 해외에서는 이미 보편화되었고 한국에서도 애완동물을 기르는 것이 많이 대중화되었죠? 따라서 스피킹 시험에서 동물과 관련된 다양한 문제들이 출제됩니다. 애완동물뿐만 아니라 멸종위기 동물들과 관련된 아이디어를 정리해두는 것도 큰 도움이 될 거예요.

Q. What kinds of animals do you like?

Sample Answer

I'm a dog person, so I like all kinds of dogs. Also, I have a pet and her name is Bella. She is very friendly.

저는 강아지를 좋아해서 모든 종류의 강아지를 좋아합니다. 또한, 저는 애완동물을 키우고 있고 그 강아지의 이름은 Bella입니다. 그녀는 매우 친근합니다.

Practice Answer

Pattern 01 Are you a(an) 명사 person?

1. Are you a jazz person?
2. Are you an animal person?
3. Are you a movie person?
4. Are you a beer person?

Pattern 02 What is 명사 like?

1. What is the student like?
2. What is the movie like?
3. What is Korea like?
4. What is the weather like?

Extra Pattern It's time to 동사원형!

1. It's time to study!
2. It's time to eat!
3. It's time to leave!

아이엘츠 스피킹 for Beginners

3강

난 왜 남자친구가 없을까?

3강

난 왜 남자친구가 없을까?

Warm-up 오늘 학습에 필요한 어휘를 배워봅시다.

girlfriend	여자친구
boyfriend	남자친구
either	(부정문에서) ~도 (그렇다)
learn	배우다
joke	농담
idea	아이디어, 생각, 의견
tomorrow	내일
rest	휴식을 취하다
again	다시
say sorry	미안하다고 말하다
realistic	현실적인
bargain	싼 물건
smart	영리한, 현명한
optimistic	낙관적인
open-minded	마음이 열린, 개방적인

Dialogue 연애와 사랑은 사람들이 중요하게 생각하는 주제 중 하나죠?
연애에 관한 기본적인 대화를 한번 살펴볼까요?

Do you have a girlfriend?

No, I don’t. Do you have a boyfriend?

I don’t have one, either.

Why not?

Well, I don’t know. Maybe I should learn some good jokes.

Yeah, that sounds like a good idea.

너 여자친구 있어?

아니, 없어. 넌 남자친구 있어?

나도 없지.

왜 없어?

글쎄, 나도 몰라. 내가 재미있는 농담을 좀 배워야겠다.

응, 그거 좋은 생각이네.

Pattern Practice

PATTERN 01

Maybe I should 동사원형.

아마 나 ~해야 할지도 몰라.

설명

추측을 나타내는 영어 표현은 다양한데요. may(~일지도 모른다) 와 비슷하게 생긴 maybe라는 단어는 '아마도'라는 의미로 무언가를 추측하는 상황에서 종종 사용됩니다. 그리고 should는 '~해야 한다'는 의미로 의무를 나타낼 때, must / have to 보다 덜 강제적인 의무를 나타낼 때 사용됩니다. 따라서 maybe와 should를 같이 사용하면 '~해야 할지도 모른다'라는 뜻이 됩니다.

Practice

01 아마 나 내일 일해야 할지도 몰라.

____

02 아마 나 쉬어야 할지도 몰라.

____

03 아마 나 다시 시도해야 할지도 몰라.

____

04 아마 나 미안하다 말해야 할지도 몰라.

____

Pattern Practice

PATTERN 02

That sounds like a/an 명사.

~인 것 같아.

설명

상대방의 의견에 동의할 때 우리는 '응, 괜찮은 것 같아!' 하고 표현하죠? 이것을 영어로 표현할 때 'That sounds like a ~' 패턴을 사용하면 아주 간단하면서도 멋스러운 대답이 된답니다. 여기에서 sound는 '소리'라고 해석되기보다는 '~처럼 들리다'라는 의미에 더 가까워요. 그래서 '앞서서 얘기한 의견이 어떠하게 들리네요.' 라고 본인의 의견을 덧붙일 수 있으니 이 표현도 잘 활용해보세요!

Practice

좋은 생각인 것 같아.

____

현실적인 계획인 것 같아.

____

가성비가 좋은 것 같아.

____

재미있는 영화인 것 같아.

____

Extra Pattern

He seems to 동사원형.

그는 ~인 것처럼 보여.

동사 'seem'은 '~인 것 같다. ~인 것처럼 보이다'의 의미를 가지고 있으며 확실하지 않은 것을 표현할 때 사용됩니다. 주로 to 부정사와 함께 쓰여서 확실하지 않은 것이 어떤 것인지 말할 수 있답니다.

01 그는 똑똑한 것처럼 보여.

____

02 그는 낙천적인 것처럼 보여.

____

03 그는 매일 커피를 마시는 것처럼 보여.

____

IELTS Speaking for Beginners 아이엘츠 스피킹 빈출주제

지인 (Someone you know)

아이엘츠에서는 친구, 동료, 이웃 등에 대해서 묻는 질문이 종종 출제됩니다. 그들과 주로 무엇을 하는지, 어떻게 알게 되었는지 등에 대한 자신만의 아이디어를 꼭 준비해보세요!

Q. Do you have any foreign friends?

Sample Answer

Yes, I have a few foreign friends. They are open-minded. Also, they **seem to** love Korean culture.

네, 저는 몇몇 외국인 친구들이 있습니다. 그들은 개방적입니다. 또한 그들은 한국문화를 좋아하는 것처럼 보여요.

Practice Answer

Pattern 01 Maybe I should 동사원형.

1. Maybe I should work tomorrow.
2. Maybe I should rest.
3. Maybe I should try again.
4. Maybe I should say sorry.

Pattern 02 That sounds like a/an 명사.

1. That sounds like a good idea.
2. That sounds like a realistic plan.
3. That sounds like a bargain.
4. That sounds like a fun movie.

Extra Pattern He seems to 동사원형.

1. He seems to be smart.
2. He seems to be optimistic.
3. He seems to drink coffee every day.

아이엘츠 스피킹 for Beginners

4강 IELTS Speaking for Beginners

오늘 좀 늦었네

4강

오늘 좀 늦었네

Warm-up 오늘 학습에 필요한 어휘를 배워봅시다.

late	늦은
traffic	교통 체증
awful	끔찍한
usually	보통, 주로
commute	통학, 통근하다
take	(시간이)걸리다
get up	일어나다
quite	꽤
rarely	거의 ~않은
public transport	대중 교통
option	선택지
free time	여가 시간
spend	(시간, 돈을) 쓰다
the movies	영화관

Dialogue **일상 생활에서 통학, 통근 방법에 대해서 자주 묻고 답하죠? 이런 경우에 어떻게 영어로 표현하면 좋은지 같이 알아보시죠.**

Hey, Jane. You're late today.

I'm so sorry. The traffic was awful today.

How do you usually commute to work?

I usually take the subway. But sometimes, I take a taxi when I get up late. What about you?

You know my house is quite far from the office, so I rarely take the public transport. I drive every morning.

Ah, it's good to have two options.

제인, 너 오늘 늦었네.

정말 미안. 차가 완전 꽉 막혔어 오늘…

보통 어떻게 통근하는데?

나는 보통 지하철 타. 가끔 늦잠 자면 택시도 타. 너는?

너도 알잖아, 우리집이 회사에서 꽤 멀어서 나는 대중교통을 잘 안 타.

매일 아침에 운전해서 와.

아, 그렇구나. 선택지가 두 개라서 좋다.

Pattern Practice

PATTERN 01

How do you usually 동사원형?

너는 보통 어떻게 ~하니?

설명

상대방의 감정이나 상황, 상태, 일상 등을 물을 때 'how(어떻게)'라는 의문사를 사용하면 자연스러운 대화를 시작할 수 있습니다. '보통, 주로'의 뜻을 가진 usually라는 부사를 사용함으로써 "How do you usually ~ ?" 패턴은 상대방의 일상에 관하여 질문할 때 아주 유용하게 사용할 수 있습니다. 이 질문에 대답할 때는 동일하게 usually를 사용해서 "I usually ~ " 로 답하면 간단하지만 정확한 답변을 할 수 있답니다.

Practice

01 너는 보통 어떻게 통학하니?

02 너는 보통 어떻게 여가시간을 계획하니?

03 너는 보통 어떻게 새로운 사람을 만나니?

04 너는 보통 어떻게 너의 주말을 보내니?

Pattern Practice

PATTERN 02

I rarely 동사원형.

나는 거의 ~하지 않아.

설명

'rarely'라는 부사는 조금 익숙하지 않죠? 'rarely'는 '거의 ~하지 않는' 이란 뜻으로 단어에 부정의 의미가 포함되어 있기 때문에 'no' 나 'not' 같은 부정어와 함께 쓰면 완전 반대의 의미로 전달될 수 있으니 이에 유의하여 사용해야 합니다. 비슷한 뜻을 가진 부사로는 hardly가 있으며, often은 '종종'의 의미로 반대의 뜻을 가지고 있습니다. 이젠 rarely와 친숙해져서 대화에서 다양하게 사용해보세요.

Practice

01 나는 거의 TV를 보지 않아.

____

02 나는 거의 아침을 먹지 않아.

____

03 나는 거의 음악을 듣지 않아.

____

04 나는 거의 영화관에 가지 않아.

____

Extra Pattern

Do you know how to 동사원형?

너 ~할 줄 아니?

오랜 시간 연습해서 가지고 있는 자신만의 스킬을 우리는 '노하우(know-how)'라고 부릅니다. 이것은 바로 상대방의 능력(ability)을 묻는 'Do you know how to ~?' 패턴에서 나왔다고 볼 수 있는데요. 할 수 있으면 Yes, 할 수 없으면 No로 대답하면 된답니다.

01 파스타 요리할 줄 아니?

____

02 자전거 탈 줄 아니?

____

03 피아노 칠 줄 아니?

____

IELTS Speaking for Beginners 아이엘츠 스피킹 빈출주제

통학,통근 (Commuting)

아이엘츠 Part 1에서는 일상 생활에 대해 종종 묻죠? 그래서 학교나 직장에 언제 가는지, 무엇을 타고 다니는지, 얼마나 걸리는지 등에 대한 질문이 필수로 출제된답니다.

Q. How do you commute to school?

Sample Answer

I usually take the subway because the traffic is awful in the morning. So **I rarely drive** when I commute.

아침에 교통 체증이 심각하기 때문에 저는 보통 지하철을 탑니다. 그래서 저는 통근할 때 거의 운전을 하지 않아요.

Practice Answer

Pattern 01 How do you usually 동사원형?

1. How do you usually commute?
2. How do you usually plan your free time?
3. How do you usually meet new people?
4. How do you usually spend your weekends?

Pattern 02 I rarely 동사원형.

1. I rarely watch TV.
2. I rarely eat breakfast.
3. I rarely listen to music.
4. I rarely go to the movies.

Extra Pattern Do you know how to 동사원형?

1. Do you know how to cook pasta?
2. Do you know how to ride a bike?
3. Do you know how to play the piano?

아이엘츠 스피킹 for Beginners

5강

저녁식사 함께 할래?

5강

저녁식사 함께 할래?

Warm-up 오늘 학습에 필요한 어휘를 배워봅시다.

watch	보다, 시청하다
cook	요리하다
actually	사실은
grill	굽다
as well	~도
come over	놀러 오다
listen to	듣다, 청취하다
have	가지다, 먹다
harder	더 어려운
throw	(파티를) 벌이다
busy	바쁜
yum	냠냠

Dialogue James집에서 파티가 열립니다. 두 사람의 대화를 살펴봅시다.

Hello, can I speak to Mary?

This is Mary. Who's speaking?

Hi, this is James. What are you doing?

Oh, I'm just watching Netflix. What are you doing?

I'm cooking dinner, actually. I'm grilling a steak now.

I'm making some potato salad as well.

Sounds yum! I feel like having steak, too.

Would you like to come over for dinner? Sophie and Bill are also coming.

Sure, I'll be there soon!

여보세요, Mary랑 통화할 수 있을까요?

제가 Mary인데요. 누구세요?

안녕, 나 제임스. 너 뭐해?

나 그냥 넷플릭스 보고 있어. 넌 뭐해?

나 저녁 준비하는 중이야. 지금 스테이크 굽고 있고 감자샐러드도 만들고 있어.

맛있겠다! 나도 스테이크 당긴다.

너도 저녁 먹으러 올래? Sophie하고 Bill도 올 거야.

물론이지, 나 금방 갈게!

Pattern Practice

PATTERN 01

What are you 동사ing?

너 ~하고 있니?

설명

'What are you ~ing?' 패턴은 현재 상대방이 하고 있는 행동에 대해 질문할 때 사용합니다. 'what' 의문사는 '무엇'이란 뜻으로, 사물을 지칭하는 대명사로 쓰이거나 의문문에서 질문의 주제가 되는 보어로 쓰입니다. be동사와 동사의 ing 형태를 사용함으로써 현재 일어나고 있는 일에 대해 질문합니다. 예를 들어, 'What are you doing?'이란 질문에는 'I'm studying.'처럼 현재진행시제를 활용해서 대답하면 완벽한 답변이 된답니다.

Practice

01 너 뭐하고 있니?

____

02 너 뭘 보고 있니?

____

03 너 뭘 요리하고 있니?

____

04 너 뭘 먹고 있니?

____

Pattern Practice

PATTERN 02

I feel like 동명사.

나 ~하고 싶어.

설명

'나~ 하고 싶어'라는 뜻을 표현하고 싶을 때 일반적으로 'want' 동사를 사용하려고 할 텐데요. want 동사를 사용해서 답변을 해도 좋지만 오늘은 새로운 패턴을 배워보세요. 'feel like' 란 패턴을 '~처럼 느끼다'로 직역하지 말고 '~하고 싶다'고 이해하고 활용한다면 훨씬 자연스러운 영어가 됩니다. 특별히 여기에서 like는 문법적으로 전치사에 가깝기 때문에 뒤에 명사 형태를 만들어 문장을 자연스럽게 완성해야 합니다. 따라서 동사의 명사형태인 동명사를 만들어 대답해야 한다는 것을 잊지 마세요.

Practice

나 춤추고 싶어.

____

나 힙합 듣고 싶어.

____

나 커피 마시고 싶어.

____

피자 먹고 싶어.

____

Extra Pattern

Why aren't you trying to 동사원형?

너 왜 ~하지 않니?

현재 상대방(또는 누군가)의 행동에 대한 의문점이 생겼을 때 의문사 why와 현재진행형(be+ -ing)을 함께 사용하여 질문할 수 있습니다. 특히 이 패턴에서는 'aren't'[안트]를 신경 써서 발음해 주세요!

01 너 왜 자려고 하지 않니?

___

02 너 왜 더 열심히 공부하지 않니?

___

03 너 왜 날 도와주지 않니?

___

IELTS Speaking for Beginners 아이엘츠 스피킹 빈출주제

초대 (Inviting)

주말이면 친구들을 불러 모아 홈파티를 열기도 하죠? 아이엘츠에서 시험관들은 종종 친구들을 주로 초대하는 편인지, 얼마나 자주 파티에 참석하는지 등에 대해서 질문하기도 한답니다.

Q. How often do you have parties with your friends?

Sample Answer

I usually throw a party with friends on the weekend. Because when I'm not busy, **I feel like** having nice food with them.

저는 주말에 보통 친구들과 파티를 합니다. 제가 바쁘지 않을 때는 친구들과 함께 좋은 음식을 먹고 싶기 때문이죠.

Practice Answer

Pattern 01 What are you 동사ing?

1. What are you doing?
2. What are you watching?
3. What are you cooking?
4. What are you eating?

Pattern 02 I feel like 동명사.

1. I feel like dancing.
2. I feel like listening to hip-hop.
3. I feel like having coffee.
4. I feel like having pizza.

Extra Pattern Why aren't you trying to 동사원형?

1. Why aren't you trying to sleep?
2. Why aren't you trying to study harder?
3. Why aren't you trying to help me?

아이엘츠 스피킹 for Beginners

6강

비행은 어땠어?

6강

비행은 어땠어?

Warm-up 오늘 학습에 필요한 어휘를 배워봅시다.

flight	여행, 비행
boring	지루한
uncomfortable	불편한
fall asleep	잠들다
international	국제적인
a few	어느 정도, 많이
quite	꽤
accidently	실수로
pack	싸다
luggage	짐
study hard	열심히 공부하다
convince	납득시키다
save money	돈을 모으다
pricey	비싼
catch	잡다
low-cost	저가의(=low-priced)
several	몇몇의

Dialogue 친구가 장시간 비행을 하고 돌아왔나봐요.
어떤 대화를 하는지 함께 살펴볼까요?

How was the flight?

It was a twelve-hour flight. It was so boring. I tried to sleep, but it was way too uncomfortable to fall asleep on the plane.

How about the movies they play on international flights?

I saw a few Korean movies. They were quite fun, actually.

Did you take a book with you?

I accidently packed it with my luggage that I checked in. So I just read some free newspapers.

비행은 어땠어?

12시간 비행이었어. 매우 지루했어. 잠을 자려고 노력해봤는데 너무 불편해서 비행기에서 잠이 안 오더라.

국제선에서 틀어주는 영화는 어땠어?

한국영화 몇 개 봤는데 사실 꽤 재미있었어.

책도 가지고 탔어?

내가 실수로 체크인 한 수하물에 책을 쌌더라고. 그래서 나는 무료 신문을 읽었어.

Pattern Practice

PATTERN 01

I tried to 동사원형.

난 ~하려고 노력했어.

설명

살면서 여러 가지 시도를 할 때가 많죠? 노력을 해서 성공하는 경우가 있고 그렇지 않은 경우도 있습니다. 무언가를 시도, 노력해서 성공했을 때는 'I manage to 동사원형' 패턴을 사용해서 노력해서 해냈다는 의미를 표현하면 되고요. 반대로 노력에도 불구하고 해내지 못했을 땐 'I tried to 동사원형' 패턴을 사용하시면 됩니다. 모두 '노력했다'는 의미를 나타내지만 각각 다른 결과를 내포하고 있으니 이 부분을 유념해서 표현해보세요!

Practice

01 난 열심히 공부하려고 노력했어.

____

02 난 그들과 이야기하려고 노력했어.

____

03 난 Mike를 납득시키려 노력했어.

____

04 난 돈을 모으려 노력했어.

____

Pattern Practice

PATTERN 02

It was way too 형용사 to 동사원형.

~하기에 너무 ~했어.

설명

외국 영화 중에 '내겐 너무 과분한 그녀' 라는 영화가 있죠. 그녀는 내가 만나기에 너무 아름다운 사람이라는 의미로 들립니다. 이와 같은 상황에서 쓸 수 있는 영어 표현은 바로 'It was way too 형용사 to 동사원형'입니다. 여기서 way는 특별한 뜻은 없지만 '너무'와 같은 많음을 나타내는 표현으로 생각하시면 됩니다. 자주 사용하는 패턴이니 자연스럽게 말할 수 있도록 많이 연습해보세요!

Practice

01 밖에 나가기에 너무 추웠어.

____

음악을 듣기에 너무 조용했어.

____

03 사기엔 너무 비쌌어.

____

거기에 가기엔 너무 멀었어.

____

Extra Pattern

I was about to 동사원형.

나 막 ~하려던 참이었어.

about이란 전치사로 '~에 관하여'라는 뜻도 있지만 부사로 '대략, 약'이라는 뜻도 가지고 있습니다. 이 패턴에서는 특별히 형용사로 to 부정사와 함께 '막~하려고 하여'라는 뜻을 가지고 있습니다. 꼭 기억하세요!

01 나 막 너에게 전화하려던 참이었어.

____

02 나 막 학교에 가려던 참이었어.

____

03 나 막 택시 타려던 참이었어.

____

IELTS Speaking for Beginners 아이엘츠 스피킹 빈출주제

여행 (Travelling)

아이엘츠에서 빠지지 않는 단골 주제가 바로 휴가, holiday인데요. 이와 연결 지어 휴가 때 여행을 자주 다니는지, 준비를 철저히 하는 편인지 아닌지 등에 대한 질문이 출제된답니다.

Q. What are the pros and cons of low-cost air travel?

Sample Answer

I think low-priced air tickets allow people to travel overseas more often. However, the seats **are way too uncomfortable to seat** for several hours.

저가 항공 티켓은 사람들에게 더욱 자주 해외여행을 하게 한다고 생각합니다. 하지만 좌석은 몇 시간을 앉아 있기에 너무 불편합니다.

Practice Answer

Pattern 01 I tried to 동사원형.

1. I tried to study hard.
2. I tried to talk with them.
3. I tried to convince Mike.
4. I tried to save money.

Pattern 02 It was way too 형용사 to 동사원형.

1. It was way too cold to go outside.
2. It was way too quiet to listen to music.
3. It was way too pricey to buy.
4. It was way too far to go there.

Extra Pattern I was about to 동사원형.

1. I was about to call you.
2. I was about to go to school.
3. I was about to catch a taxi.

아이엘츠 스피킹 for Beginners

7강 IELTS Speaking for Beginners

어젯밤에 뭐 했어?

7강

어젯밤에 뭐 했어?

Warm-up 오늘 학습에 필요한 어휘를 배워봅시다.

last night	어젯밤
answer	답하다, (전화에) 응답하다
have drinks	술을 마시다
phone	전화하다
wasted	낭비된, 술에 취한
remember	기억하다
busy	바쁜
assignment	과제, 숙제
due	마감일
wonder	궁금해하다
work on	~에 노력을 들이다, 착수하다
clean up	깨끗이 청소하다
complicated	복잡한
pricey	값비싼
rarely	거의 ~하지 않는
study for 명사	~을 위해 공부하다

Dialogue 살면서 중요한 일을 잊어버려 당황스러울 때가 있죠?
어떤 일이 벌어졌는지 대화를 함께 살펴볼까요?

What were you doing last night when I called you?

Oh, sorry for not answering. I was with some friends last night.

We were having some drinks at a bar when you phoned me.

Ah ok. Did you drink a lot?

Well, I got so wasted that I don't even remember how I got home.

What did you do last night?

I was just busy doing history 101 assignment.

Oh my God, it's due today, isn't it?

That's right. I was wondering if you were working on it.

That's why I called you.

내가 어젯밤에 전화했을 때 너 뭐 하고 있었어?

아 전화 못 받아서 미안해. 나 어젯밤에 친구랑 있었어.

네가 전화했을 때 우리는 우리 바에서 술 마시고 있었어.

아 그렇구나. 술 많이 마셨어?

음… 어제 완전 술에 취해서 집에 어떻게 갔는지 기억이 안 나. 넌 어제 뭐했어?

난 역사 수업 과제 하느라 바빴지.

맙소사, 그거 오늘까지, 맞지?

응, 맞아. 난 어제 네가 과제하고 있는지 궁금했어. 그래서 전화한 거야.

Pattern Practice

PATTERN 01

I was busy 동명사.

나 ~하느라 바빴어.

설명

'busy'라는 형용사는 '바쁜'의 의미로 뒤에 동명사와 함께 쓰여 그 이유를 함께 이야기할 때 사용할 수 있습니다. 지금 바쁜 이유를 말할 때는 be동사의 현재형을 사용하고 과거에 바빴던 이유를 말할 때는 이 패턴을 사용하면 됩니다. 이 패턴은 보통 'What were you doing? (너 어제 뭐했니?)'와 같은 과거에 대한 질문에 답변하기에 적당한 패턴이랍니다.

Practice

01 나 공부하느라 바빴어.

___

02 나 집을 청소하느라 바빴어.

___

03 나 저녁 요리하느라 바빴어.

___

04 나 일하느라 바빴어.

___

Pattern Practice

PATTERN 02

I was wondering if you were 동명사.

네가 ~하고 있었는지 궁금해하고 있었어.

설명

'wonder if'라는 숙어를 잘 기억해주세요. 이 숙어는 '~ 인지 아닌지 궁금해하다'라는 의미로 여기에서 if는 '만약'이라는 가정의 의미가 아닌 ~인지 아닌지 '여부'를 나타내는 접속사입니다. 따라서 'I wonder if ~' 라는 표현은 '나는 ~인지 아닌지 궁금하다'라는 의미가 되고, 여기에 과거 진행형 시제를 넣으면 '궁금해하고 있었다'는 의미가 됩니다. 패턴이 긴 만큼 발음 연습도 꼭 해보세요!

Practice

네가 공부하고 있었는지 궁금해하고 있었어.

___

네가 여행하고 있었는지 궁금해하고 있었어.

___

네가 운동하고 있었는지 궁금해하고 있었어.

___

네가 쇼핑하고 있었는지 궁금해하고 있었어.

___

Extra Pattern

It was kind of 형용사.

그건 조금 ~했어.

'kind of'는 숙어로 '약간, 어느 정도'의 의미이며, 'sort of'의 동의어입니다. 이 숙어를 제외하고 'It was great.'로도 표현할 수 있지만 'kind of'를 넣어 표현하면 조금 더 자연스러운 느낌이 생긴답니다.

01 그건 좀 재미있었어.

____

02 그건 좀 복잡했어.

____

03 그건 좀 비쌌어.

____

IELTS Speaking for Beginners 아이엘츠 스피킹 빈출주제

친구 (Friends)

앞서 배운 주제, '지인'과 비슷하게 친구에 대해서도 자주 출제가 됩니다. 친구를 언제 만나는지, 고민상담을 친구와 하는 것이 나은지, 가족과 하는 것이 나은지 등의 질문에도 답할 수 있게 준비해보세요.

Q. Do you usually see your friends during the week or at weekends?

Sample Answer

I used to hang out with my friends at the weekends, but **I'm busy studying** for IELTS exam these days. So I rarely meet my friends.

저는 주말에 친구들과 놀곤 했지만, 요즘은 IELTS 시험 공부를 하느라 바쁩니다. 그래서 친구들을 거의 만나지 못합니다.

Practice Answer

Pattern 01 I was busy 동명사

1. I was busy studying.
2. I was busy cleaning up the house.
3. I was busy cooking dinner.
4. I was busy working.

Pattern 02 I was wondering if you were 동명사

1. I was wondering if you were studying.
2. I was wondering if you were travelling.
3. I was wondering if you were exercising.
4. I was wondering if you were shopping

Extra Pattern It was kind of 형용사

1. It was kind of fun.
2. It was kind of complicated.
3. It was kind of pricey.

아이엘츠
스피킹
for
Beginners

8강 IELTS Speaking for Beginners

소풍 가요

8강

소풍 가요

Warm-up 오늘 학습에 필요한 어휘를 배워봅시다.

weather	날씨
go on a picnic	소풍 가다
free	자유로운, 무료의, 한가한
need	필요하다
refrigerator	냉장고
bacon	베이컨
lettuce	양상추
supermarket	슈퍼마켓
ranch dressing	랜치 드레싱 (마요네즈와 버터밀크를 섞어 만든 흰색의 샐러드 드레싱)
sliced	(조각으로) 얇게 저민
almost	거의
classroom	교실
laptop	노트북 컴퓨터
be in love	사랑에 빠지다
crazy	말도 안 되는, 정상이 아닌
surf	(해변으로 밀려오는 큰) 파도, 서핑하다

Dialogue 날씨가 좋은 봄이 오면 삼삼오오 소풍을 떠나죠.
소풍 준비 어떻게 하면 좋을까요? 대화를 함께 살펴봅시다.

Jane, the weather is great today! Let's go on a picnic.

Sure, I'm free today. What do we need to prepare?

Let's check the refrigerator first. What do we have?

There is some bacon. We have some lettuce as well.

But there is not any bread. I think we should get some in the supermarket.

Are there some ranch dressing and sliced cheese?

Nope. It feels like there is almost nothing in the refrigerator.

제인, 오늘 날씨가 아주 좋아! 우리 소풍 가자!

좋아! 나 오늘 한가해. 우리 뭘 준비해야 하지?

냉장고부터 먼저 확인해보자. 뭐가 있지?

베이컨이 좀 있네. 양상추도 있어.

그런데 빵이 전혀 없어. 슈퍼에서 좀 사자.

렌치 드레싱이랑 슬라이스 치즈 있어?

아니, 냉장고에 거의 아무것도 없는 것 같아.

Pattern Practice

PATTERN 01

There is/are 명사

~이 있어.

설명

'~에 ~이 있다'는 표현으로 'there is/are 명사' 패턴은 일상 영어회화에서 정말 자주 사용됩니다. 표현하고자 하는 대상이 하나일 경우 'there is'로, 대상이 여러 개일 경우 'there are'로 표현하면 됩니다. 이 패턴 뒤에 장소에 대한 설명을 덧붙여주면 더욱 구체적인 표현이 되겠죠? 문장 'There are two dogs in the park.(공원에 강아지 두 마리가 있다.)'처럼 말이에요. 따라서 이 패턴을 쓸 때는 표현하고자 하는 대상의 수가 어느 정도인지 먼저 파악하는 것이 중요하답니다.

Practice

01 여기 카페가 몇 군데 있어.

____

02 교실에 학생이 한 명 있어.

____

03 강아지 몇 마리가 공원에 있어.

____

04 내 가방에 노트북이 한 대 있어.

____

Pattern Practice

PATTERN 02

It feels like 주어 + 동사

~인 것 같아.

설명

앞서 '~인 것 같다'는 표현으로 'maybe', 'seem', 'sound like'를 배웠습니다. 이와 같은 맥락으로 자신의 추측을 나타낼 때 'It feels like 주어+동사'를 써보세요. 여기에서 주어 It은 뒤에 나오는 '주어+동사' 문장을 지칭하는 비인칭 주어로 '그것'으로 해석되지는 않으니 이 점을 꼭 기억하세요. 그리고 'feels like'는 숙어의 뜻처럼 '~하게 느껴진다'라고 해석하면 되니 어떤 상황을 추측할 때 이 패턴을 활용해보세요.

Practice

01 그녀는 Mike를 안 좋아하는 것 같아.

____

02 아무것도 없는 것 같아.

____

03 나 사랑에 빠진 것 같아.

____

04 창문이 열린 것 같아.

____

Extra Pattern

I go crazy for 명사.

나 ~을 엄청 좋아해.

'crazy'라는 형용사는 '미친'이라는 뜻을 가지고 있지만 '(무언가를) 매우 좋아하는'이라는 의미를 내포합니다. 'go crazy for'를 '~을 향해 미쳐가다'로 직역하지 말고 '매우 좋아하다'는 의미로 자연스럽게 사용해보세요.

01 나는 한국식 바비큐를 매우 좋아해.

____

02 나는 소풍을 매우 좋아해.

____

03 나는 서핑을 매우 좋아해.

____

IELTS Speaking for Beginners 아이엘츠 스피킹 빈출주제

소풍 (Picnic)

멀리 떠나는 여행과 달리 소풍은 근처로 가볍게 다녀올 수 있기 때문에 주말과 관련된 질문과 연결 지어 출제되기도 합니다.

Q. Do you often go on a picnic?

Sample Answer

Yes, **there are** a lot of parks near my house. So when I'm not busy on the weekends, I often go on a picnic to the Han River park with my friends.

네, 저희 집 근처에는 공원이 많습니다. 그래서 주말에 바쁘지 않을 때, 저는 종종 친구들과 함께 한강 공원으로 소풍을 갑니다.

Practice Answer

Pattern 01 There is/are 명사

1. There are some cafes here.
2. There is a student in the classroom.
3. There are some dogs in the park.
4. There is a laptop in my bag.

Pattern 02 It feels like 주어 + 동사

1. It feels like she doesn't like Mike.
2. It feels like there is nothing.
3. It feels like I'm in love.
4. It feels like the window is open.

Extra Pattern I go crazy for 명사

1. I go crazy for Korean BBQ.
2. I go crazy for picnic.
3. I go crazy for surfing.

아이엘츠
스피킹
for
Beginners

9강 IELTS Speaking for Beginners

나 늦었어!

9강

나 늦었어!

Warm-up 오늘 학습에 필요한 어휘를 배워봅시다.

late	늦은
boss	(직장의) 상사, 상관
gotta	(have) got a, (have) got to의 비격식체 ~해야 한다
take	(시간이) 걸리다
office	사무실
without	~없이
road	길
busy	바쁜
pouring	(비가) 들이붓는
outside	밖, 바깥쪽
helpful	도움이 되는
indeed	(긍정의 진술을 강조하여) 정말
disappointed	실망한
satisfied	만족한
humid	습한
in advance	미리
punctual	시간약속을 잘 지키는

Dialogue 회사나 학교에 지각을 해본 적이 있나요?
이런 상황은 어떻게 영어로 표현하는 것이 좋을까요?

What time is it now?! I didn't hear the alarm!!!

It's 9:30 in the morning… so yeah, you're late.

My boss must be angry at me then. I gotta hurry.

How long does it take to get to the office?

Well, I usually drive so it takes about an hour without traffic.

Well… the roads aren't so busy now, but it's pouring outside.

It's not very helpful.

Indeed. You had better take your umbrella with you.

지금 몇 시야!? 나 알람 못 들었어!!!

아침 9시 반인데… 어, 너 늦었어.

부장님이 엄청 화나 있을 거야. 서둘러야겠다.

사무실까지 얼마나 걸려?

보통 운전해서 가는데 차 안 막히면 한 시간 정도 걸려.

음… 지금 차는 안 막힐 것 같은데, 밖에 비가 억수로 내려

날씨도 도움이 안 되네.

그러네. 우산 챙겨가는 게 좋을 거야.

Pattern Practice

PATTERN 01

He must be 형용사

그는 분명 ~일 거야.

설명

단어 'must'는 품사에 따라 다양한 의미를 가지고 있는데요. 조동사로는 필요를 나타내는 '~해야 한다' 또는 추측하는 의미로 '~임에 틀림없다', 그리고 권유할 때 '꼭 ~해야 한다'로 사용됩니다. 그리고 명사로 쓰일 때는 '꼭 해야(봐야/사야) 하는 것, 필수품'의 의미로 쓰이는데요. 이번 강에서 배울 용법은 강한 추측을 나타낼 때 사용하는 must입니다. 특히 누군가에 대해 확신을 가지고 추측할 때 'must be' 패턴을 사용하여 '분명 ~이다/하다'의 의미를 표현할 수 있답니다.

Practice

01 그는 분명 실망했을 거야.

____

02 그는 분명 바쁠 거야.

____

03 그는 분명 걱정될 거야.

____

04 그는 분명 만족할 거야.

____

Pattern Practice

PATTERN 02

It's 형용사

날씨가 ~해.

설명

일상 생활에서 날씨 이야기는 빠질 수가 없죠? 직장 동료들과 가족들, 친구들과 만났을 때 자연스럽게 오늘의 날씨 이야기로 대화를 이어나갑니다. 영어로 날씨를 표현할 때는 비인칭 주어 'it'을 사용하면 되는데요. 그날의 날씨가 어떠한지 be동사에 형용사 덧붙여 표현하면 아주 간단하답니다. 예를 들어, 오늘 날씨가 춥다면 "It is cold, today."라고 표현하면 되겠죠?

Practice

오늘 화창해.

____

지금 밖에 비가 엄청 쏟아져.

____

오늘 습해.

____

오늘 푹푹 쪄.

____

Extra Pattern

You'd better 동사원형.

~하는 게 좋을 거야.

상대방에게 무언가를 제안할 때 그 강도에 따라 다양하게 표현할 수 있습니다. 'You'd better 동사원형' 패턴은 제안하는 정도가 강해서 제안하는 행동을 하지 않을 경우 곤란하다는 의미를 내포하고 있습니다.

01 지금 자는 게 좋을 거야.

____

02 미리 계획하는 게 좋을 거야.

____

03 나에게 진실을 말해주는 게 좋을 거야.

____

IELTS Speaking for Beginners 아이엘츠 스피킹 빈출주제

시간 관리 (Time Management)

평소 시간을 어떻게 사용하는지, 누구와 어떤 약속을 하고 어떻게 지키는 지에 대한 질문도 출제가 됩니다. 아래 질문처럼 약속에 늦었을 때 어떻게 대처하는지와 같이 다양하게 변형되어 출제되기도 한답니다.

Q. What excuses do you use when you are late?

Sample Answer

I usually blame the traffic jam because people tend to think that it is beyond my control. But I know that **I'd better** be punctual all the time.

사람들이 교통 체증은 컨트롤 할 수 없는 것이라 생각하는 경향이 있기 때문에 저는 주로 교통 체증을 탓합니다. 하지만 항상 시간을 잘 지키는 것이 좋을 것이라는 것을 압니다.

Practice Answer

Pattern 01 He must be 형용사

1. He must be disappointed.
2. He must be busy.
3. He must be worried.
4. He must be satisfied.

Pattern 02 It's 형용사

1. It's sunny today.
2. It's pouring outside now.
3. It's humid today.
4. It's cooking today.

Extra Pattern You'd better 동사원형

1. You'd better sleep now.
2. You'd better plan in advance.
3. You'd better tell me the truth.

아이엘츠
스피킹
for
Beginners

10강

여행을 가요

10강

여행을 가요

Warm-up 오늘 학습에 필요한 어휘를 배워봅시다.

semester	학기
vacation	방학, 휴가
catch up with	따라가다
probably	아마도
visit	방문하다
museum	박물관
together	함께
in advance	미리
business trip	출장
work	작동하다
happen	(일이) 일어나다
laugh	(소리 내어) 웃다
jealous	질투하는

Dialogue 여러분은 올 여름, 어떤 계획을 가지고 있으신가요?
휴가와 관련된 대화를 확인해볼까요?

Hey, James. The semester is almost over! Do you have any plans for the summer vacation?

Ah right… I'm going on a trip to China.

That sounds interesting. Where in China are you going?

Shanghai. I'm going to catch up with a friend who lives there.

We will probably visit museums and places together.

Then, you guys should make some plans in advance.

Yeah, I think so.

제임스, 이번 학기가 거의 끝났어! 너 여름방학 계획 있어?

아, 맞아. 나 중국으로 여행 갈 거야.

재미있겠네. 중국 어디로 갈 거야?

상하이. 거기 사는 친구랑 오랜만에 만날 거야.

우리 아마 박물관이나 여기저기 같이 갈 거 같아.

그럼 너희들 미리 계획 짜야겠다.

응, 나도 그렇게 생각해.

Pattern Practice

PATTERN 01

I'm going on a/an 명사

나 ~할 거야.

설명

현재진행형(be동사 + -ing) 시제는 현재 발생 중인 사건을 표현할 때 사용하기도 하지만 가까운 미래에 대해서 말하고자 할 때도 사용합니다. 그리고 'go on a 명사' 숙어는 '~을 하(러 가)다'의 의미를 가집니다. 따라서 이 패턴은 'go on a 명사' 숙어에 현재진행형 시제를 사용하여 가까운 미래에 자신이 하고자 하는 것을 말할 때 사용할 수 있습니다.

Practice

01 나 여행 갈 거야.

____

02 나 다이어트 시작할 거야.

____

03 나 출장 갈 거야.

____

04 나 소풍 갈 거야.

____

Pattern Practice

PATTERN 02

I have a friend who 동사원형

나는 ~ 친구가 있어.

설명

어떤 사물이나 사람에 대한 설명을 붙일 때 간단하게 형용사로 표현할 수도 있지만 수식하려는 의미가 길 때는 '관계대명사'를 사용하여 문장을 이어줄 수 있습니다. 사람을 나타낼 때 사용하는 관계대명사는 'who'로 선행사 뒤에 붙어 문장을 이어줍니다. 사물을 나타낼 때는 관계대명사 'which'를 사용해서 문장을 만들어보세요.

Practice

01 나는 일본에 사는 친구가 있어.

____

02 나는 일하지 않는 친구가 있어.

____

03 나는 애완동물을 키우는 친구가 있어.

____

04 나는 렌즈를 끼는 친구가 있어.

____

Extra Pattern

She is making me 형용사

그녀는 날 ~하게 만들고 있어.

동사 make는 3형식 문장에서는 '~을 만들다'의 의미를 갖지만, 5형식 문장에서는 '~을 ~하게 하다'의 의미를 가집니다. 변화하는 대상인 목적어를 설명하는 목적보어 자리에 주로 형용사를 사용합니다.

01 그녀는 날 실망하게 만들고 있어.

____

02 그녀는 날 피곤하게 만들고 있어.

____

03 그녀는 날 질투하게 만들고 있어.

____

IELTS Speaking for Beginners 아이엘츠 스피킹 빈출주제

휴가 (Holidays)

시험관이 자주 묻는 질문 중 하나가 바로 휴가에 관한 것입니다. 휴가 때 주로 무엇을 하는지, 언제 휴가를 가는지, 최근에 다녀온 휴가에 대한 질문들이 자주 출제되니 미리 아이디어를 정리해봅시다.

Q. What do you do on holidays?

Sample Answer

I usually **go on a trip** with my friends. For example, I went to Jeju island with my old friends last summer.

저는 주로 친구들과 여행을 갑니다. 예를 들어, 지난 여름에는 제 오래된 친구들과 제주도에 갔었어요.

Practice Answer

Pattern 01 I'm going on a/an 명사

1. I'm going on a trip.
2. I'm going on a diet.
3. I'm going on a business trip.
4. I'm going on a picnic.

Pattern 02 I have a friend who 동사원형

1. I have a friend who lives in Japan.
2. I have a friend who doesn't work.
3. I have a friend who has a pet.
4. I have a friend who wears contact lenses.

Extra Pattern She is making me 형용사

1. She is making me disappointed.
2. She is making me tired.
3. She is making me jealous.

아이엘츠
스피킹
for
Beginners

11강

커피 마실래?

11강

커피 마실래?

Warm-up 오늘 학습에 필요한 어휘를 배워봅시다.

join	참여하다
need	필요하다
break	휴식
how about~ ?	~하는 게 어때?
corner	모퉁이
favorite	가장 좋아하는
piece of cake	쉬운
forget	잊다
flush	물을 내리다
give up	포기하다
quit the job	회사를 관두다
go out for ~	~하러 나가다
near	근처에

Dialogue

하루의 업무로 피곤할 때 커피 한잔의 여유가 큰 역할을 하죠?
커피를 마시러 가자고 어떻게 영어로 표현할까요?

Hey, Jane. I'm going to get some coffee. Do you want to join?

I can't, there are lots to finish today.

Come on, you need a break at some point. Come with me.

Okay okay, where do you want to go?

How about the café around the corner?

Yeah, that one is my favourite. I will have a piece of cake then.

Cool. It's kind of cold today. Don't forget to put your jacket on.

Okay, thanks.

제인, 나 커피 사러 가려고 해. 너도 갈래?

난 못 가, 오늘 끝낼 일이 많아.

에이, 너도 좀 쉬어야지. 같이 가자.

알았어, 알았어. 어디로 가고 싶은데?

모퉁이에 있는 카페는 어때?

그래, 거기 내가 제일 좋아하는 카페야. 그럼 난 케이크 하나 먹을래.

좋아. 오늘 좀 추워. 재킷 입는 거 잊지마.

응, 고마워.

Pattern Practice

PATTERN 01

There are lots to 동사원형

~할 게 많아.

설명

he, she, it과 같이 사람이나 사물을 지칭하는 인칭대명사 외에 상태나 상황을 설명할 때 비인칭주어 there과 be동사를 사용합니다. there은 지시사로 '거기'란 뜻을 가지기도 하지만 이 패턴에서는 딱히 의미를 가진다기보다 문장의 구성을 완성하기 위해 사용한다고 생각하면 됩니다. 설명하고자 하는 대상의 개수에 따라 be동사의 수 일치를 해주면 된답니다. 예를 들어, '사과가 하나 있다'라는 문장은 사과의 개수가 하나이기 때문에 'There is an apple.' 이라고 하면 됩니다. 많은 개수의 대상을 이야기할 때 'lots'를 사용하여 많음을 효과적으로 나타낼 수 있습니다.

Practice

01 할 게 많아.

____

02 해볼 게 많아.

____

03 볼 게 많아.

____

04 배울 게 많아.

____

Pattern Practice

PATTERN 02

Don't forget to 동사원형

~하는 거 잊지 마세요.

설명

'forget'이라는 단어는 '잊다, 까먹다'라는 의미를 가지고 있고 뒤에 to부정사와 함께 쓰여 '~하는 것을 잊다'는 의미가 됩니다. '~을 하지 마라' 라는 표현을 할 때는 문장 맨 앞에 Don't를 써서 따라 부정을 나타내는 명령형 문장이 되는데 따라서 '~하는 거 잊지 마라'는 문장은 'Don't forget to ~' 가 됩니다. 이 패턴에 여러 동사를 활용하여 다양한 문장을 만들어보세요.

Practice

복습하는 거 잊지 마세요.

____

인사하는 거 잊지 마세요.

____

변기 물 내리는 거 잊지 마세요.

____

Jon한테 물어보는 거 잊지 마세요.

____

Extra Pattern

I have a feeling that 주어 + 동사.
~한다는 느낌이 들어.

확실한 증거는 없지만 왠지 그럴 것 같은 느낌이 들 때가 있죠? 주로 자주 사용되는 I feel like ~ 와 비슷하게 feel의 명사형을 활용한 'I have a feeling that ~' 패턴을 사용해서 대화해보세요.

01 Jane이 거짓말 하고 있다는 느낌이 들어.

____

02 Jon이 포기할 거라는 느낌이 들어.

____

03 Jon이 회사를 관둔 것 같은 느낌이 들어.

____

IELTS Speaking for Beginners 아이엘츠 스피킹 빈출주제

커피&차 (Coffee & Tea)

커피나 차는 많이 우리의 일상 생활과 밀접하게 되었기 때문에 아이엘츠 스피킹 시험에서도 종종 출제됩니다. 하루 평균 몇 잔의 커피를 마시는지 간단한 자신만의 답변을 준비해보세요.

Q. Do you sometimes go out for coffee or tea?

Sample Answer

I usually have coffee when I feel tired. There is a famous café near my school. I think there are lots of drinks to try.

저는 피곤할 때 주로 커피를 마십니다. 제 학교 근처에는 유명한 커피숍이 있어요. 그곳에는 시도할 만한 음료가 많다고 생각해요.

Practice Answer

Pattern 01 There are lots to 동사원형

1. There are lots to do.
2. There are lots to try.
3. There are lots to see.
4. There are lots to learn.

Pattern 02 Don't forget to 동사원형

1. Don't forget to review.
2. Don't forget to say hi.
3. Don't forget to flush the toilet.
4. Don't forget to ask Jon.

Extra Pattern I have a feeling that 주어 + 동사

1. I have a feeling that Jane is lying.
2. I have a feeling that Jon will give up.
3. I have a feeling that Jon quit the job.

아이엘츠 스피킹 for Beginners

12강 IELTS Speaking for Beginners

소개팅

12강

소개팅

Warm-up 오늘 학습에 필요한 어휘를 배워봅시다.

weekend	주말
type	이상형, 취향
cute	귀여운
set up	만들다
blind date	소개팅
even	~조차
actually	사실
a few	조금
try	해보다
have a pet	애완동물을 키우다
trip	여행
study for	~을 위해 공부하다
conversation	대화

Dialogue 연애와 사랑은 인생에서 중요한 이슈 중 하나죠.
데이트와 관련된 대화를 살펴봅시다.

Jane, I'm going to meet this girl this weekend.

Look at her photo. She's my type.

Oh, she's cute. Who set you up?

Sophie. Have you ever been on a blind date before?

Not even once actually. Have you?

A few times.

How was it?

Well, not so bad, not so good.

제인, 나 이 여자 주말에 만날 거야. 사진 좀 봐봐. 딱 내 이상형이야.

아, 귀엽네. 누가 소개팅 시켜준 거야?

소피가 소개해줬어. 너 소개팅 해본 적 있어?

사실 한 번도 안 해봤어. 넌?

몇 번 해봤어.

어땠어?

음… 나쁘지도 않고 좋지도 않았어.

Pattern Practice

PATTERN 01

Have you ever 과거분사?

너 ~해본 적 있니?

설명

면접이나 소개팅에서 상대방의 경험에 대해서 자주 물어보죠? 현재완료(have + 과거분사) 시제는 완료/계속/경험/결과적 의미가 내포되어 있기 때문에 현재완료 시제로 다양한 상황을 표현할 수 있습니다. 'Have you ever 과거분사?' 패턴의 경우 현재완료의 경험적 용법으로 상대방의 경험에 대해 질문할 때 사용합니다. 이에 대한 답변은 그러한지 아닌지에 대한 여부를 Yes/No로 답하고 'I have (not).' 정도로 간단하게 하면 됩니다.

Practice

01 다이어트 해본 적 있니?

____

02 김치 먹어본 적 있니?

____

03 해외 여행해본 적 있니?

____

04 애완동물 키워본 적 있니?

____

Pattern Practice

PATTERN 02

How was 명사?

~은 어땠어?

설명

영어로 의사소통 하는 사람들은 보통 'How are you?'라고 많이 인사합니다. 한국어 표현으로 '오늘 어때?' 정도가 될 것 같은데요. 이와 비슷하게 과거에 했던(있었던) 것에 대한 상대방의 감정이나 평가가 어떤지 '그거 어땠어?'라고 물을 때 우리는 'How was 명사?'를 사용할 수 있습니다. 이에 대한 답변은 'It was 형용사' 패턴을 활용하여 자신의 의견을 표현하면 된답니다. 시제를 일치시켜야 한다는 점, 꼭 기억하세요!

Practice

01 그 영화 어땠어?

____

02 너 여행 어땠어?

____

03 오늘 일은 어땠어?

____

04 너 IELTS 시험 어땠어?

____

Extra Pattern

I should've 과거분사

나 ~했어야 했어.

과거의 자신이 했던 일이나 상황에 대해 후회될 때가 많습니다. '~했어야 했는데 하지 못했다'의 의미를 표현할 때, should have 과거분사를 사용해서 문장을 만들면 된답니다. 특히 [슈드브] 발음에 주의하세요.

01 나 시험 공부했어야 했어.

____

02 나 그 음식 먹어봤어야 했어.

____

03 나 내 우산을 가져왔어야 했어.

____

IELTS Speaking for Beginners 아이엘츠 스피킹 빈출주제

연애 (Dating)

주말에 관한 질문과 연계해 자연스럽게 연애에 대한 질문을 출제됩니다. 본인이 생각하는 연애관에 대해 미리 생각을 정리해두는 것이 좋겠죠?

Q. Describe your ideal date.

Sample Answer

Maybe get some nice food and have good conversation. And then go to a pub and have drinks. Actually, I have tried all of them and all my dates were fun.

아마 좋은 음식을 먹고 좋은 대화를 하겠죠. 그리고 펍에 가서 술한잔 합니다. 사실 저는 모든 것을 해보았고 모든 데이트는 즐거웠습니다.

Practice Answer

Pattern 01 Have you ever 과거분사?

1. Have you ever tried diet?
2. Have you ever tried Kimchi?
3. Have you ever travelled overseas?
4. Have you ever had a pet?

Pattern 02 How was 명사?

1. How was the movie?
2. How was your trip?
3. How was work today?
4. How was your IELTS exam?

Extra Pattern I should've 과거분사.

1. I should've studied for the exam.
2. I should've tried the food.
3. I should've brought my umbrella.

아이엘츠 스피킹 for Beginners

13강 IELTS Speaking for Beginners

선거일

13강

선거일

Warm-up 오늘 학습에 필요한 어휘를 배워봅시다.

since	~부터
o'clock	정각
wake up	(잠에서)깨다,정신을 차리다
already	이미
by the way	그런데
vote for	투표하다
rumour	소문
candidate	지원자
whole	전체
politics	정치
experience	경험
hesitate	망설이다
get fired	해고당하다
astronomy	천문학
become	~이 되다
physics	물리학

Dialogue 정치, 선거와 관련된 이야기도 일상 생활에서 많이 하죠?
다음 대화를 보면서 어떤 얘기를 나누는지 함께 살펴봅시다.

James, where have you been???
I've waited for you since 2 o'clock!
I'm so sorry. I went to bed late last night, and when I woke up, it was already 1:30 in the afternoon.
Don't be late next time.
By the way, who are you going to vote for?
I've heard a lot about the rumours of the candidates this whole week. So I'm not sure. You?
Well… I'm not really interested in politics so I think I'm just going to vote for the oldest candidate who might have a lot of experiences.

제임스, 너 어디 있었어??? 여태 2시부터 계속 기다렸잖아!!
진짜 미안해. 어젯밤에 늦게 잤더니 오늘 일어났을 때 벌써 오후 1시 반이었어.
다음에는 늦지 마. 근데 너 누구 뽑을 거야?
이번 주 내내 후보자들 루머를 엄청 들어서 잘 모르겠다. 넌?
글쎄, 난 정치에 별로 관심이 없어서 경험 많을 거 같은 제일 나이 많은 사람 뽑을 거야.

Pattern Practice

PATTERN 01

I've never thought of 명사/동명사

~하는 것을 생각도 안 해봤어.

설명

앞서 현재완료 시제가 경험을 나타낼 때 사용된다는 것을 공부했었죠? 이번 패턴은 현재완료 시제에 부정사 never(전혀 ~않다)을 붙여 '~한 적이 없다'는 의미의 표현을 만들어봅시다. 동사 think는 그 자체로 '~을 생각하다'란 의미를 갖지만 전치사 of와 함께 쓰여 '~에 대한 생각을 하다'가 됩니다. 따라서 'I have never thought of 명사/동명사' 패턴은 '~에 대한 생각을 전혀 해본 적이 없다'는 의미가 됩니다.

Practice

01 그건 생각도 안 해봤어.

____

02 외국에서 사는 것을 생각도 안 해봤어.

____

03 해고당하는 것을 생각도 안 해봤어.

____

04 애완동물 키우는 것을 생각도 안 해봤어.

____

Pattern Practice

PATTERN 02

I'm interested in 명사

난 ~에 관심이 있어.

설명

interest는 다양한 의미를 가지고 있습니다. '관심, 흥미, 취미'의 의미도 있지만 '이자, 이익'이라는 뜻도 있지요. 또한 동사로 사용될 때는 '~의 관심(흥미)을 끌다'란 뜻도 된답니다. 그래서 평소에 관심 있는 취미에 대해서 이야기할 때 가장 흔히 사용하는 표현이 interest를 활용한 숙어 'be interested in'입니다. ~에 끌리는 대상이 바로 나 자신이기 때문에 수동의 의미를 가진 과거분사형 interested를 사용했다는 점도 기억해주세요.

Practice

01 난 그에게 관심이 있어.

____

02 난 영화에 관심이 있어.

____

03 난 중국 역사에 관심이 있어.

____

04 난 천문학에 관심이 있어.

____

Extra Pattern

I've run out of 명사

난 ~을 다 썼어요(떨어졌어요).

사전을 찾아보면 동사 'run'에 30개가 넘는 의미가 있다는 사실을 알고 있나요? 그중 run이 out과 함께 쓰이면 '다 쓰다'란 의미를 가진 숙어가 됩니다. of 명사를 붙여 구체적인 사물이 다 떨어졌다는 표현을 해보세요.

01 운을 다 썼어요.

____

02 돈이 다 떨어졌어요.

____

03 우유가 다 떨어졌어요.

____

IELTS Speaking for Beginners 아이엘츠 스피킹 빈출주제

리더십 (Leadership)

Part 2의 연계질문으로 Part 3에서 다소 어렵게 정치에 대한 질문을 받을 수 있습니다. 정치와 관련된 다양한 표현을 미리 학습해보세요.

Q. Do you want to be a political leader?

Sample Answer

Actually, I've never thought of becoming a political leader before. I'd rather be a scientist since I'm studying physics at university and I really like it.

사실 저는 이전에 정치가가 되는 것을 생각해본 적이 없습니다. 대학에서 물리학을 공부하고 그것을 좋아하기 때문에 저는 오히려 과학자가 되고 싶어요.

Practice Answer

Pattern 01 **Have you ever 과거분사?**

1. Have you ever tried diet?
2. Have you ever tried Kimchi?
3. Have you ever travelled overseas?
4. Have you ever had a pet?

Pattern 02 **How was 명사?**

1. How was the movie?
2. How was your trip?
3. How was work today?
4. How was your IELTS exam?

Extra Pattern **I should've 과거분사**

1. I should've studied for the exam.
2. I should've tried the food.
3. I should've brought my umbrella.

아이엘츠
스피킹
for
Beginners

14강

제인과 통화할 수 있을까요?

14강

제인과 통화할 수 있을까요?

Warm-up 오늘 학습에 필요한 어휘를 배워봅시다.

be out for	~하려고 나가다, ~하려고 애쓰는 중이다
leave a message	메시지를 남기다
be back	돌아오다
until	~(때)까지
later	나중에, (지금 보다) 후(뒤)에
let someone know	(누군가가) 알게 하다
urgent	긴급한
as long as	~하는 한
go on a diet	다이어트를 시작하다
see a doctor	의사선생님을 만나다
keep the secret	비밀을 지키다
leave for	~로 떠나다
may	~일지도 모른다

Dialogue 어떻게 영어로 전화할까요?
제임스와 소피의 전화통화 내용을 들어봅시다.

Hello, this is James. Can I speak to Jane?

Hello, James. This is Sophie. Jane is out for lunch with David now. Do you want to leave a message?

Hmm··· Let's see. Will she be back by 2pm?

No, she won't be back until 5pm. She said she will do some shopping after lunch.

I see. Can you tell her to call me later?

Sure, I will let her know that you called. Is it urgent?

No, as long as she calls me today, it will be fine.

여보세요, 저 제임스에요. 제인이랑 통화할 수 있을까요?

안녕, 제임스. 나 소피야. 제인 지금 데이빗이랑 점심 먹으러 나갔어. 메시지 남길래?

흠··· 어디 보자··· 제인이 2시까지는 돌아올까요?

아니, 5시까지 안 돌아올 거야. 제인이 점심 먹고 쇼핑할 거라고 했거든.

아, 알겠어요. 제인한테 나중에 저한테 전화해 달라고 전해 주실래요?

물론이지, 제인한테 너가 전화했었다고 말해줄게. 급한거야?

아뇨, 제인이 오늘 전화해 주면 괜찮을 거에요.

Pattern Practice

PATTERN 01

Let's 동사원형.

우리 ~하자.

설명

일상 생활에서 친구나 동료, 가족에게 어떠한 활동이나 이벤트를 함께 하기를 제안하는 경우가 종종 있습니다. Would, Could와 같은 정중한 표현으로 제안할 수도 있지만 가까운 지인들에게는 가볍게 'Let's'라는 표현을 활용하여 제안할 수 있는데요. Let's 다음에는 동사의 원형을 붙여 표현하면 '동사'를 같이 하기를 권유하는 의미가 된답니다. Let's는 let us의 줄임말이기 때문에 상대방에게 무언가를 시키는 것이 아닌 상대방과 함께 하기를 권유할 때 쓰인다는 것을 기억하세요.

Practice

01 우리 축구하자.

____

02 우리 영화 한 편 보자.

____

03 우리 쇼핑 가자.

____

04 우리 다이어트 시작하자.

____

Pattern Practice

PATTERN 02

As long as 주어+동사, it will be fine.

~하는 한, 괜찮을 거야.

설명

1990년대에 전 세계적으로 유명했던 미국 팝 그룹 Backstreet boys의 노래 'As long as you love me'를 아시나요? 노래 중 'Don't care what you did as long as you love me. 당신이 나를 사랑하는 한 나는 당신이 무엇을 했든지 상관없어요.' 라는 가사가 유명합니다. 여기서도 알 수 있듯이 as long as는 '~하는 한' 이란 의미의 숙어이고 두 구문을 이어주는 접속사처럼 사용됩니다. 이 노래를 기억하는 한 as long as의 의미를 절대 잊지 않을 겁니다.

Practice

그녀가 여기 머무르는 한, 괜찮을 거야.

____

그녀가 의사선생님을 뵈러 가는 한, 괜찮을 거야.

____

그녀가 돈을 모으는 한, 괜찮을 거야.

____

그녀가 비밀을 지키는 한, 괜찮을 거야.

____

Extra Pattern

I will let her 동사원형.
그녀가 ~하게 해줄 거야.

오늘의 패턴 중, let's라는 표현은 let us의 축약형이라는 것을 기억하시죠? 동사 let은 '~을 하게 하다'는 사역동사이고 have, make도 같은 의미로 사용됩니다. 사역동사는 동사원형과 함께 사용된다는 것도 잊지 마세요.

01 그녀가 알게 해줄 거야.

____

02 그녀가 미국으로 떠나게 해줄 거야.

____

03 그녀가 휴대폰을 쓰게 해줄 거야.

____

IELTS Speaking for Beginners 아이엘츠 스피킹 빈출주제

휴대폰 (Mobile Phones)

최근 IT기술의 발달로 인터넷, 휴대폰 등과 관련된 질문이 자주 출제된답니다. 휴대폰을 언제 사용하는지, 무엇을 하는지 등에 대한 질문이 출제되니 미리 아이디어를 정리해두면 좋겠죠?

Q. How often do you use your mobile phone?

Sample Answer

I always use my phone, even when I'm studying. My parents may be worried about me, but I think as long as I study hard, they will be fine.

저는 공부할 때에도 항상 핸드폰을 사용합니다. 제 부모님은 저를 걱정하시지만, 제가 공부를 열심히 하는 한, 그들은 괜찮을 거예요.

Practice Answer

Pattern 01 Let's 동사원형.

1. Let's play football.
2. Let's watch a movie.
3. Let's go shopping.
4. Let's go on a diet.

Pattern 02 As long as 주어+동사, it will be fine.

1. As long as she stays here, it will be fine.
2. As long as she sees a doctor, it will be fine.
3. As long as she saves money, it will be fine.
4. As long as she keeps the secret, it will be fine.

Extra Pattern I will let her 동사원형.

1. I will let her know.
2. I will let her leave for the US.
3. I will let her use her mobile.

아이엘츠
스피킹
for
Beginners

15강 IELTS Speaking for Beginners

회사를 그만뒀어.

15강

회사를 그만뒀어.

Warm-up **오늘 학습에 필요한 어휘를 배워봅시다.**

surprise	놀라게 하다
quit	(직장, 학교 등을) 그만두다
boss	(직장의) 상관, 상사
yell at	고함치다, 호통치다
in front of	~의 앞쪽에
again	한 번 더, 다시
crazy	말도 안 되는, 정상이 아닌
actually	사실은, 실제로, 정말로
bet	(~이) 분명하다, (내기 등에) 돈을 걸다
must have p.p.	~했음에 틀림없다 (과거에 대한 강한 추측)
upset	속상하게 만들다(하다)
trivial	사소한
obsessed	(어떤 생각으로) 사로잡히다
whatever	어떤 ~일지라도
blame on	~에게 책임을 지게 하다
give up	포기하다
the reality	현실
repetitive	반복적인
co-worker	직장동료

Dialogue 직장상사가 힘들게 한다면 어떨까요? 두 사람의 대화를 들어봅시다.

It may surprise you, but I quit my job today.

WHAT?! Why??

My boss yelled at me in front of everyone again.

Oh… that's crazy. What made him angry?

Actually, I don't know.

I bet he must have been upset at trivial things.

Yeah, you know he's obsessed with little things.

I know, forget about it. Whatever happened, don't blame it on yourself.

Yeah… Let's go have some drinks tonight.

너 좀 놀랄 수도 있는데, 나 오늘 회사 그만뒀어.

뭐?! 왜??

상사가 또 다른 사람들 다 있는데 나한테 윽박질렀어.

아… 뭐 때문에 화가 났대?

사실, 나도 몰라.

분명 사소한 거에 화났겠지.

어 맞아, 작은 일에 집착하는 거 너도 알지.

응 알지, 잊어버려. 무슨 일이 있었든 너 스스로를 비난하지 마.

응… 오늘 밤에 술이나 마시러 가자.

Pattern Practice

PATTERN 01

What made 목적어+동사원형/형용사?

무엇이 ~를 ~하게 했니?

설명

동사 make는 '~을 만들다'라는 일반적인 의미를 가지고 있습니다. 3형식 문장에서는 '사물을 만들다'라는 뜻으로 '제작, 제조'의 의미를 내포하고 5형식 문장에서는 목적어 뒤에 동사원형이나 형용사를 붙여 '사물/사람을 ~하게 만들다'는 의미를 가지며 이는 목적어인 사물/사람에 대한 부가 설명을 덧붙일 때 사용합니다. (5형식으로 사용되는 make는 사역동사라고 부릅니다.) 사역동사를 의문문으로 변형한 'What made ~?' 패턴은 사물/사람의 변화에 대한 원인을 물어볼 때 사용될 수 있으니 'Why did ~ ?' 패턴 대신 활용해보세요. 과거에 일어난 일에 대한 원인을 묻는 패턴이기 때문에 과거시제를 사용한다는 점도 잊지 마세요.

Practice

01 무엇이 그를 슬프게 했니?

02 무엇이 그녀를 미소 짓게 했니?

03 무엇이 그를 포기하게 했니?

04 무엇이 너를 유명하게 했니?

Pattern Practice

PATTERN 02

Whatever happened, blame it on 명사

무슨 일이 있었든, ~ 탓이야.

설명

30도를 넘나드는 무더운 여름에는 아무 일을 하지 않았는데도 불쾌지수가 올라가죠? 아마도 날씨 때문일 겁니다. 묻지도 않고 따지지도 않고 어떤 결과에 대한 책임을 한 곳(또는 사람)에 몰고 싶거나 어떤 사건에 대한 원인이 100% 확실할 때 이 표현을 활용해보면 좋겠네요. '무슨 일이 있었든, 그것은 날씨 탓이야!' 하지만 'blame'이란 단어는 '~을 탓하다, 비난하다'라는 뜻으로 다소 부정적인 의미가 내포되어 있어요. 따라서 정말로 필요한 상황에서만 써야 한다는 점 기억하세요! 자칫 잘못하면 오해를 살 수도 있으니까요.

Practice

무슨 일이 있었든, 내 탓이야.

____

무슨 일이 있었든, 날씨 탓이야.

____

무슨 일이 있었든, 현실 탓이야.

____

무슨 일이 있었든, 우리 탓이야.

____

Extra Pattern

It depends on 명사

~에 달려 있어. (~따라 달라.)

직장에서 직원들의 의견이 중요한 결정을 해야 할 때 직원들의 의견이 어떠냐에 따라 결정이 달라지겠죠? 이처럼 의사결정에서 키를 가지고 있는 것을 설명할 때 'depend on'이란 패턴을 사용할 수 있습니다.

01 너에게 달려 있어.

---

02 부탁에 달려 있어.

---

03 상황에 달려 있어.

IELTS Speaking for Beginners 아이엘츠 스피킹 빈출주제

직장 (Work)

Part 1에서는 직업이나 전공에 대해서 종종 묻습니다. 직종이 무엇인지, 출퇴근 방법, 본인이 생각하는 이상적인 직장 등에 대한 질문이 나온답니다.

Q. What would be your ideal job?

Sample Answer

I think **it depends on** the job, but my ideal job is something that is not repetitive. Also, friendly co-workers are important.

저는 그것은 직무에 따라 다르다고 생각하지만 제 이상적인 직업은 반복적이지 않은 것이라 생각해요. 또한 친절한 동료도 중요합니다.

Practice Answer

Pattern 01 What made 목적어+동사원형/형용사?

1. What made him sad?
2. What made her smile?
3. What made him give up?
4. What made you famous?

Pattern 02 Whatever happened, blame it on 명사

1. Whatever happened, blame it on me.
2. Whatever happened, blame it on the weather.
3. Whatever happened, blame it on the reality.
4. Whatever happened, blame it on us.

Extra Pattern It depends on 명사

1. It depends on you.
2. It depends on the favour.
3. It depends on the situation.

아이엘츠
스피킹
for
Beginners

16강

속초 가는 기차표 있어요?

16강

속초 가는 기차표 있어요?

Warm-up 오늘 학습에 필요한 어휘를 배워봅시다.

ticket	표, 승차권
for	[전치사] ~로 가는
book	[동사] 예약하다
o'clock	~시 (정확한 시간)
available	구할(이용할) 수 있는
standing room	입석
take	사다, 선택하다
error	오류
get off	(버스, 기차를) 내리다
ask a favour	부탁하다
at night	밤에
commute to	~로 통학(통근) 하다

Dialogue 여행을 가려면 티켓을 예매해야 하죠? 두 사람의 대화를 확인해 봅시다

Hello, how may I help you?

Can I get two tickets for Sokcho?

I'm sorry, but all seats are booked for today.

There were two tickets for 2 o'clock, weren't there?

The only tickets available for that time are standing room tickets.

Ah··· Ok. I'll take two of those.

안녕하세요, 무엇을 도와드릴까요?

속초행 표 두 장 살 수 있을까요?

죄송하지만 오늘 모든 좌석이 예약됐어요.

2시 표 2장 있었던 거 같은데, 맞죠?

그 시간에 예약 가능한 표는 입석뿐이에요.

아··· 네, 그럼 두 장 살게요.

Pattern Practice

PATTERN 01

There were 복수명사, weren't there?

~가 있었죠, 그렇죠?

설명

'어디에 무언가가 있다'는 묘사를 할 때 'There be 동사 (sth/sb)' 표현을 씁니다. be동사는 사물이나 사람이 몇 개(명)인가에 따라서 단수 또는 복수로 표현해주면 되는데요. 거기에 현재의 상황을 설명하는지 과거 또는 미래의 상황을 설명하는지에 따라 시제를 맞춰주면 됩니다. 예를 들어, 어제 컨퍼런스에 사람이 100명이 참석한 것을 다른 직원에게 확인을 받고 싶을 때, 'There were 100 people at the conference, right?' 또는 부가의문문을 활용하여 'There were 100 people at the conference, weren't there?'이라고 말할 수 있겠네요. be동사의 수와 시제를 꼭 확인하세요.

Practice

01 사과가 몇 개 있었죠, 그렇죠?

____

02 오류가 있었죠, 그렇죠?

____

03 두 장의 영화표가 있었죠, 그렇죠?

____

04 많은 요청이 있었죠, 그렇죠?

____

Pattern Practice

PATTERN 02

Can I 동사원형?

(제가) ~할 수 있을까요?

설명

한국 군부대 중에는 'Yes, I can.'이란 구호를 외치는 곳이 있다고 합니다. '네, 할 수 있습니다.'라는 뜻이죠? 여기서 사용된 조동사 'can'은 자신의 능력과 의지를 표현한다고 생각하면 될 텐데요. 하지만 이번 우리가 함께 공부할 패턴인 'Can I 동사원형?'은 의문형으로 사용되어 can의 의미가 의지가 아닌 허락, 부탁의 의미를 가집니다. 'Can I ~?' 패턴은 'May I ~ ?'로도 바꿔 쓸 수 있으니 다양하게 활용해보세요. 그리고 can/may는 조동사로 시제를 가지기 때문에 뒤에는 시제가 포함되지 않은 동사원형을 사용한다는 점도 기억해주세요.

Practice

01 지금 버스에서 내릴 수 있을까요?

____

02 그 클럽에 가입할 수 있을까요?

____

03 당신에게 부탁 하나 해도 될까요?

____

04 여기서 사진 찍을 수 있을까요?

____

Extra Pattern

There is no 명사

~는 없어.

Pattern 1에서 배운 'there be' 구문에서 표현할 대상이 0개(명)일 때, 'There is no 명사' 패턴을 사용해봅시다. 대상이 없을 때는 단수로 is나 was를 사용해야 한다는 점도 잊지 마세요.

01 기차는 밤에 없어.

____

02 Jane으로부터 응답이 없어.

____

03 기회가 전혀 없어.

____

IELTS Speaking for Beginners 아이엘츠 스피킹 빈출주제

대중 교통 (Public Transport)

Part 1에서 간단하게 어떤 대중교통을 이용하는지에 대해 묻기도 하지만 Part 2나 3에서 살고 있는 도시의 대중교통 시스템에 대해서도 출제될 수 있습니다. 이에 대한 답변을 미리 준비해보세요.

Q. Do you often travel by train?

Sample Answer

I always take the bus when I commute to school because **there is no** train station near my home. Also, trains are crowded in the morning. So I prefer the bus.

저는 저희 집 근처에 기차역이 없이 때문에 통학할 때 주로 버스를 탑니다. 또한 기차는 아침에 매우 혼잡해요. 그래서 저는 버스를 더 좋아합니다.

Practice Answer

Pattern 01 There were 복수명사, weren't there?

1. There were some apples, weren't there?
2. There were errors, weren't there?
3. There were two movie tickets, weren't there?
4. There were many requests, weren't there?

Pattern 02 Can I 동사원형?

1. Can I get off the bus now?
2. Can I join the club?
3. Can I ask you a favour?
4. Can I take a picture here?

Extra Pattern There is no 명사.

1. There is no train at night.
2. There is no answer from Jane.
3. There is no chance at all.

아이엘츠
스피킹
for
Beginners

17강

IELTS Speaking for Beginners

회의에서

17강

회의에서

Warm-up 오늘 학습에 필요한 어휘를 배워봅시다.

important	중요한
be held	열리다 hold (행사, 회의 등을)개최하다
next week	다음 주
subject	주제, 문제
be supposed to	~하기로 되어 있다
discuss	~을 논의하다
problem	문제
rubbish	쓰레기
collection	수집
system	제도, 체제
community	주민, 지역사회
technician	기술자
invite	초대하다
expert	전문가
fix	고치다
fly	파리, 날아다니는 곤충
village	마을, 동네
work full-time	정규직으로 일하다
work part-time	파트타임으로 일하다
dust	먼지
matter	문제, 사안

Dialogue 중요한 커뮤니티 회의가 열리나봐요. 두 사람의 대화를 확인해볼까요?

An important meeting will be held next week. Will you be there?

Of course. What subject is supposed to be discussed?

We will discuss the problem of the rubbish collection system in our community.

Will any technicians be invited?

Yes, we're inviting several experts.

The system must be fixed or we're going to have even more rubbish and flies in the village.

중요한 회의가 다음 주에 있을 거야. 너 올 거지?

물론이지. 무슨 주제가 논의 돼?

우리 커뮤니티의 쓰레기 수거 시스템 문제를 의논할 거야.

기술자도 초대될까?

응, 몇몇 전문가를 초대할 거야.

쓰레기 수거 시스템은 정말 꼭 해결돼야 해. 안 그러면 동네에 쓰레기와 파리가 더 많아질 거야.

Pattern Practice

PATTERN 01

be동사 + supposed to 동사원형

~를 하기로 되어 있어.

설명

한 사회에서 구성원들끼리 함께 지키기로 한 것을 규칙 또는 관습이라고 하죠? 예를 들어, 도로에 침을 뱉지 않는다든지 우측통행을 하는 것과 같이 이미 정해져 있는 것을 이야기 할 때 종종 'be supposed to' 패턴을 사용합니다. 동사 'suppose'는 '생각하다, 가정하다'는 의미를 가지며 완료 형태 'supposed'는 이전부터 사람들이 생각해온, 그래서 이미 정해진 것을 내포합니다. 일반적으로 'be supposed to' 패턴은 주어가 '~인 것으로 여겨진다'는 의미로도 사용되니 입으로 자주 연습해서 일상 생활에서 활용해봅시다.

Practice

01 Jane은 정규직으로 일하기로 되어 있어.

____

02 그들은 거기 있기로 했어.

____

03 Jonathan은 IELTS 시험을 보기로 했어.

____

04 우리는 이 노래를 부르기로 했어.

____

Pattern Practice

PATTERN 02 We are going to 동사원형

우린 ~할 거야.

설명

앞으로 일어날 일에 대해 이야기할 때는 간단하게 동사 'will'을 사용할 수 있습니다. 하지만 친구와의 약속, 확정된 미래의 행동에 대해서 이야기할 때 'be going to' 패턴을 사용할 수 있죠. 이 패턴은 'will'보다 이미 정해진, 그리고 확정된 미래에 대해서 이야기할 때 사용됩니다. 특히 공연이나 모임, 약속 등 하기로 정해놓은 일정을 표현할 때 쓰기 좋은 표현이니 꼭 외워보세요. 이 표현은 'What are you going to do? (너희 뭐 할 거니?)'라는 질문에 답할 수 있답니다.

Practice

01 우린 저녁으로 피자를 먹을 거야.

___

02 우린 소풍을 갈 거야.

___

03 우린 내일 파티를 할 거야.

___

04 우린 밤새도록 공부를 할 거야.

___

Extra Pattern

It is covered in 명사

~으로 뒤덮여 있어.

단어 'cover'는 동사로 여러 뜻이 있고 그중 '씌우다, 덮다'의 의미가 가장 널리 쓰입니다. 무언가가 덮여 있는 상태를 표현할 때 수동태를 사용해서 'be covered in(with)'를 사용해보세요.

01 먼지로 뒤덮여 있어.

____

02 눈으로 뒤덮여 있어.

____

03 소스로 뒤덮여 있어.

____

IELTS Speaking for Beginners 아이엘츠 스피킹 빈출주제

회의 (Meetings)

직장생활과 관련된 주제 중에서 '회의'는 빠질 수 없죠? 회의를 얼마나 자주하는지, 주로 어떤 내용과 방법으로 하는지 출제되기도 합니다.

Q. Do you think meetings are essential?

Sample Answer

Absolutely, yes. Meetings help people discuss important business matters. However, I think meetings **are** not **supposed to** be held very often.

네, 확실히 그렇습니다. 회의는 사람들이 중요한 사업 사안들을 토론할 수 있게 도와줍니다. 하지만 회의는 너무 자주 열리지 않아야 한다고 생각합니다.

Practice Answer

Pattern 01 주어 be동사 + supposed to 동사원형

1. Jane is supposed to work full-time.
2. They are supposed to be there.
3. Jonathan is supposed to take IELTS exam.
4. We are supposed to sing this song.

Pattern 02 We are going to 동사원형

1. We are going to have pizza for dinner.
2. We are going to go on a picnic.
3. We are going to hold a party tomorrow.
4. We are going to study all night.

Extra Pattern It is covered in 명사.

1. It is covered in dust.
2. It is covered in snow.
3. It is covered in sauce.

아이엘츠 스피킹 for Beginners

18강

딸 낳은 거 축하해

18강

딸 낳은 거 축하해

Warm-up 오늘 학습에 필요한 어휘를 배워봅시다.

Congratulations!	[감탄사] 축하합니다!
birth	탄생, 출생
thought	[명사] 생각, 의견 think의 과거/과거분사
anyway	어쨌든
name	이름을 지어주다, 명명하다
still	아직(도), 여전히
How about ~?	(사람/사물에 대한 의견을 물을 때) ~는 어때요?
nice	좋은
really	정말로
decide	결정하다
get a refund	환불 받다
get lost	길을 잃어버리다
eat out	외식하다
caring	보살피는, 배려하는
weakened	약해진

Dialogue 직장동료에게 출산을 축하할 때 뭐라고 하면 좋을까요? 대화를 확인해봅시다.

Congratulations on the birth of your daughter.
Uhh… it's actually a boy.
Oh? Sorry. I thought it was a girl.
It's okay. Thanks anyway.
What will you name the baby?
My wife and I are still thinking, but we might name her Boksoon.
Isn't it an old name?
Yeah, I think so. How about Youjin?
That's a nice name.
M: We really can't decide.

딸 낳은 거 축하해!
어… 사실 아들 낳았어.
어? 미안, 난 딸인 줄 알았어.
괜찮아. 그래도 고마워.
애기 이름을 뭐라 지을 거야?
와이프와 나는 아직 고민 중인데, 복순이라고 지을지도 몰라.
그거 옛날 이름 아냐?
응, 나도 그렇게 생각해. 유진이는 어떨까?
그거 괜찮은 이름이네.
응, 결정하기 어렵다.

Pattern Practice

PATTERN 01

We might 동사원형

우리 ~할지도 몰라.

설명

단어 'might'는 정중한 제안을 할 때, 허락을 구할 때, 정보를 요청할 때 사용되는 조동사입니다. 예를 들어, 앞서 배운 'Can I ~ 동사원형?' 대신에 'Might I ~동사원형?'을 쓸 수도 있지요. 또한 'might'는 현재 또는 과거의 가능성을 나타낼 때도 종종 쓰이는데요. 확실히는 모르겠지만 추측하여 이야기 할 때 'might'를 붙여주면 그 의미가 잘 전달이 된답니다. 비슷한 의미로 사용할 수 있는 조동사로는 'might'의 원형인 'may', 'can/could', 'would' 등이 있고, 부사로는 'probably', 'maybe', 'perhaps' 등이 있습니다. 'might'는 조동사이기 때문에 뒤에 동사원형을 써줘야 한다는 것도 기억해주세요!

Practice

01 우리 곧 집에 갈지도 몰라.

____

02 우리 환불을 받을지도 몰라.

____

03 우리 늦을지도 몰라.

____

04 우리 길을 잃어버릴지도 몰라.

____

Pattern Practice

PATTERN 02

How about 명사/동명사?

~ 어때?

설명

주말에 친구들과 약속을 잡을 때 이것저것 다양한 활동을 제안하죠? 영화볼까? 소풍 가볼래? 맛있는 식당에 가보는 건 어때? 와 같이 평소에 우리는 다양한 방법으로 제안을 합니다. 영어에도 이처럼 무언가를 제안하는 다양한 방법이 있는데요. 이번에 함께 공부할 표현은 'How about 명사/동명사?' 입니다. 매우 간단하죠? 'about'은 전치사로 뒤에 명사나 동명사와 같은 명사형이 따라와야 하는데요. 따라서 제안하는 행동이나 이벤트의 이름이나 명사형태를 'How about' 뒤에 바로 붙여서 제안해보세요.

Practice

01 영화 한 편 보는 거 어때?

____

02 오늘 밤에 외식하는 거 어때?

____

03 캠핑 하는 거 어때?

____

04 파스타는 어때?

____

Extra Pattern

If you can 동사원형, you can 동사원형

너가 ~할 수 있다면, ~을 할 수도 있을 거야.

If는 두 가지 사용법이 있습니다. 하나는 '만약 ~한다면, ~할 거야.'로 조건을 걸 때, 다른 하나는 '만약 ~이라면, ~할 거야.'로 과거나 현재의 사실을 가정할 때인데요. 이 표현은 조건절로 두 가지 상황을 원인과 결과로 연결하여 표현할 수 있답니다. 여기서 포인트는 '현재 시제를 사용한다'입니다.

01 네가 말할 수 있다면, 가르칠 수도 있을 거야.

____

02 네가 수영할 수 있다면, 서핑할 수도 있을 거야.

____

03 그것을 꿈꿀 수 있다면, 그걸 할 수도 있을 거야.

____

IELTS Speaking for Beginners 아이엘츠 스피킹 빈출주제

가족 구성원 (Family Members)

IELTS에서는 가끔 가족과 친구를 비교해서 답을 유도하는 질문이 출제됩니다. 가족과 친구를 비교하는 방법도 미리 준비해보세요!

Q. Which are more important, family or friends?

Sample Answer

Family, of course. Family members are caring and supportive. Even though friendship might be weakened, family members will always be on my side.

당연히 가족입니다. 가족은 배려심이 많고 지지적입니다. 우정은 약해질지 모르지만, 가족 구성원은 항상 제 편일 것입니다.

Practice Answer

Pattern 01 We might 동사원형

1. We might go home soon.
2. We might get a refund.
3. We might be late.
4. We might get lost.

Pattern 02 How about 명사/동명사?

1. How about watching a movie?
2. How about eating out tonight?
3. How about camping?
4. How about pasta?

Extra Pattern If you can 동사원형, you can 동사원형

1. If you can talk, you can teach.
2. If you can swim, you can surf.
3. If you can dream it, you can do it.

아이엘츠
스피킹
for
Beginners

19강 IELTS Speaking for Beginners

아파요

19강

아파요

Warm-up **오늘 학습에 필요한 어휘를 배워봅시다.**

go out	외출하다
should	~해야 한다
sick	아픈
doctor	의사
take medicine	약을 먹다, 약을 복용하다
three times a day	하루에 세 번
I see.	알겠습니다.
stay warm	따뜻함을 유지하다
get a loan	대출받다
on time	제시간에
treat	~를 대하다
pay for	~에 (돈을) 내다
break the habit	습관을 버리다

Dialogue 제임스가 아픈가봐요. 영어로 어떤 대화를 나누는지 확인해봅시다.

James shouldn't go out tonight.

Why shouldn't he go out?

He should rest in bed.

Is he sick?

Yes, so the doctor said that he has to take medicine three times a day.

Oh, I see. He should stay warm then.

제임스는 오늘 밤에 나가 놀면 안돼.

왜 나가 놀면 안 돼?

걔는 누워서 쉬어야 해.

제임스가 아파?

응, 의사 선생님이 하루에 세 번 약 복용하라고 말씀하셨어.

아, 알았어. 그럼 제임스는 좀 따뜻하게 있어야겠다.

Pattern Practice

PATTERN 01

Why shouldn't he 동사원형?

그는 왜 ~하면 안 돼?

설명

이번 챕터에서는 조동사 'should'에 대해서 알아볼 텐데요. 단어 'should'는 '~ 해야 한다'의 의미로 특히 남의 행동을 비판할 때 쓰입니다. 조동사 'shall'의 과거형으로 'shall'은 각오, 명령, 지시를 나타냈지만 요즘은 we와 I하고만 의문문으로 함께 쓰이면서 제안, 조언하는 의미를 갖습니다. 이번 패턴인 'Why should he 동사원형?'은 그가 무언가를 하면 안 되는 이유를 물어볼 때 사용하며, 'He should not 동사원형'에서 의문문으로 변형되었음을 유추해볼 수 있습니다. 이러한 질문에 자연스럽게 'Because he 동사~ .'로 대답하면 되겠죠? 'shouldn't'의 발음에 유의하여 연습해보세요.

Practice

01 그는 왜 저녁을 먹으면 안 돼?

____

02 그는 왜 하루 쉬면 안 돼?

____

03 그는 왜 대출을 받으면 안 돼?

____

04 그는 왜 진통제를 먹으면 안 돼?

____

Pattern Practice

PATTERN 02

You should try to 동사원형.

너는 ~해야 해. (~하도록 해.)

설명

이번 패턴에서도 역시 'should'는 '~해야 한다'는 의미를 가지고 있습니다. 여기에 'try to 동사원형', '~ 하는 것을 노력하다'란 의미의 숙어를 이어 붙여 '~하도록 노력해야 해'라는 뜻을 완성하게 되죠. 굳이 'try to'를 붙이지 않고 'You should 동사원형.'을 써도 되지만 'try to'를 붙여 쓸 때보다 의무감이 더 짙게 느껴진답니다. 예를 들어, 한국말로는 '너 숙제 해야 해.'라고 똑같이 해석이 되지만 'try to'를 붙여 쓸 경우, 내포된 뉘앙스가 '노력하도록 해' 정도로 순화된답니다. 이와 비슷하지만 조금 더 의무를 강조하고자 할 때는 'You must 동사원형'을 써보세요. 상대방이 엄청난 압박을 느끼게 될지도 모릅니다.

Practice

너는 그녀를 이해해야 해.

____

너는 제시간에 와야 해.

____

너는 외국어를 배워야 해.

____

너는 Jane에게 더 잘해줘야 해.

____

Extra Pattern

I don't need to 동사원형

난 ~하지 않아도 돼.

'need to 동사원형'은 필요성을 이야기할 때 사용하죠. 이것의 부정의미인 '~하지 않아도 된다'를 표현하고자 할 때는 'don't'를 붙여보세요. 참 쉽죠?

01 난 야근하지 않아도 돼.

____

02 난 그것에 대해 걱정하지 않아도 돼.

____

03 난 모든 것을 계산하지 않아도 돼.

____

IELTS Speaking for Beginners 아이엘츠 스피킹 빈출주제

건강 (Health)

물을 마시는 습관이나 하루 운동량, 건강을 위해서 하는 일에 대해 면접관이 질문을 하기도 합니다. 습관에 대한 자신만의 아이디어가 필요하겠죠?

Q. Do you have any unhealthy habits?

Sample Answer

Yes, I do. When I'm stressed, I bite my lips and pick my nails. Also, I sometimes smoke. However, I know that **I should try to** break the habits.

네, 있습니다. 저는 스트레스 받으면 입술과 손톱을 뜯습니다. 또한 가끔 담배도 핍니다. 하지만 저는 이 습관들을 버려야 한다는 것을 압니다.

Practice Answer

Pattern 01 Why shouldn't he 동사원형?

1. Why shouldn't he have dinner?
2. Why shouldn't he take a day off?
3. Why shouldn't he get a loan?
4. Why shouldn't he take painkillers?

Pattern 02 You should try to 동사원형

1. You should try to understand her.
2. You should try to arrive on time.
3. You should try to learn a foreign language.
4. You should try to treat Jane better.

Extra Pattern I don't need to 동사원형

1. I don't need to work overtime.
2. I don't need to worry about it.
3. I don't need to pay for everything.

아이엘츠 스피킹

for Beginners

20강 IELTS Speaking for Beginners

캠핑장 찾았어?

20강

캠핑장 찾았어?

Warm-up 오늘 학습에 필요한 어휘를 배워봅시다.

camp site	야영지
take	(시간이) 걸리다
leave	떠나다, 출발하다
spot	(특정한) 곳
the day before	그 전날
take notes	필기하다
skip	(일을) 거르다
aware	~을 알고 있는
stay fit	건강을 유지하다
go hiking	등산하러 가다

Dialogue 캠핑을 자주 가시나요? 캠핑과 관련하여 어떤 대화를 하는지 함께 알아볼까요?

Hey, James. Did you find a camp site?

Yeah, it only takes 2 hours from Seoul. But we need to leave at around 6 in the morning to find a good spot.

That's not a problem. But I think we should meet on the day before.

Why?

We need to go to the supermarket to buy some food and drinks.

Ah, that's right.

안녕, 제임스. 너 캠핑장 찾았어?

응, 서울에서 2시간 걸리는 곳이야.

근데 좋은 자리 잡으려면 우리 아침 6시쯤에 출발해야 해.

그건 문제가 아니야. 근데 내 생각에 우리 출발하기 전날 만나야 할 거 같아.

왜?

음식이랑 마실 거 사러 슈퍼 가야지.

아, 맞아.

Pattern Practice

PATTERN 01

It takes (시간) to 동사원형

~하는 데 (시간)이 걸려.

설명

동사 'take'는 가지고 가다, 데리고 가다, 잡다, 치우다, 얻다, 선택하다, 기록하다, 견디다, 이해하다 등 많은 의미를 가지고 있습니다. 이번 챕터에서 함께 볼 'take'의 뜻은 '(얼마간의)시간이 걸리다'인데요. '어떤 행동을 하는 데 얼마의 시간이 걸린다'를 표현할 때 사용합니다. 예를 들어, 숙제를 하는 데 30분이 걸리는 것을 표현할 때 'It takes 30 minutes to do the homework.'로 간단하게 표현할 수 있습니다.

Practice

01 거기 가는 데 2시간이 걸려.

____

02 빵을 굽는 데 1시간이 걸려.

____

03 이 산을 오르는 데 5시간이 걸려.

____

04 차를 우리는 데 3분이 걸려.

____

Pattern Practice

PATTERN 02

We need to 동사원형 to 동사원형

~하기 위해 ~해야 해.

설명

'to + 동사원형'을 'to 부정사'라 부릅니다. to 부정사는 세 가지 사용법이 있는데요. 첫 번째는 명사적용법으로 to 부정사가 명사의 역할을 하는 것을 말합니다. 한 예로, 'To study Psychology is hard.'는 to 부정사가 공부하는 것을 의미하며 공부하는 행위를 말합니다. 두 번째는 형용사적 용법으로 형용사처럼 명사에 대해 서술해줄 때 사용합니다. 'It's time to play'에서 'to play'가 '놀 시간'으로 어떤 시간인지 설명해주는 것처럼 말이죠. 마지막으로 부사적용법으로 부사처럼 사용되어 동사의 이유, 원인 등에 대한 설명을 합니다. 이번 패턴인 'We need to 동사원형 to 동사원형'에 바로 to부정사의 부사적용법이 포함되어 있는데요. 예를 들어, 'We need to study to pass the exam.' 에서 'to pass the exam'은 시험에 통과하기 위해서란 뜻으로 공부를 해야 하는 이유에 대해서 설명하고 있습니다.

Practice

01 제시간에 도착하기 위해 일찍 떠나야 해.

____

02 그 문제를 해결하기 위해 그에게 이야기해야 해.

____

03 집을 사기 위해 대출을 받아야 해.

____

04 선물 몇 개를 사기 위해 쇼핑하러 가야 해.

____

Extra Pattern

I don't even 동사원형

난 심지어 ~도 안 하잖아.

부사 'even'은 예상 밖으로 놀라운 일을 나타내며 '~도, ~조차'의 의미입니다. 부정문에서는 '심지어 ~조차'의 의미로 사용할 수 있으니 활용해보세요.

01 난 심지어 집에도 안 가잖아.

____

02 난 심지어 필기도 안 하잖아.

____

03 난 심지어 수업도 안 빠지잖아.

____

IELTS Speaking for Beginners 아이엘츠 스피킹 빈출주제

야외 활동 (Outdoor Activities)

건강을 위해, 친목을 위해 사람들은 다양한 야외활동을 합니다. 개인적으로 좋아하는 야외활동과 그 이유를 묻는가 하면 아래 질문처럼 본인의 나라에서 인기 있는 야외활동이나 스포츠 등을 묻는 질문들이 나온답니다.

Q. What are the most popular outdoor activities in your country?

Sample Answer

Korean people are aware that they need to exercise to stay fit. Therefore, many people often play sports such as football and baseball and go hiking these days.

한국 사람들은 건강을 유지하기 위해 운동이 필요하다는 것을 압니다. 그래서 많은 사람들은 최근 축구, 야구, 등산과 같은 운동을 종종 합니다.

Practice Answer

Pattern 01 It takes (시간) to 동사원형

1. It takes 2 hours to go there.
2. It takes 1 hour to bake the bread.
3. It takes 5 hours to climb up the mountain.
4. It takes 3 minutes to brew the tea.

Pattern 02 We need to 동사원형 to 동사원형

1. We need to leave early to arrive on time.
2. We need to talk to him to solve the problem.
3. We need to get a loan to buy a house.
4. We need to go shopping to buy some presents.

Extra Pattern I don't even 동사원형

1. I don't even go home.
2. I don't even take notes.
3. I don't even skip classes.

아이엘츠
스피킹
for
Beginners

21강 IELTS Speaking for Beginners

쇼핑

21강

쇼핑

Warm-up 오늘 학습에 필요한 어휘를 배워봅시다.

holiday	휴가, 방학
go shopping	물건을 사러 가다
together	함께, 같이
I like ~ing	~하는 것을 좋아하다
have lunch	점심을 먹다
tomorrow	내일
instead of	~대신에
catch up	따라잡다, 오랜만에 만나다
listen to	~을 듣다
incredibly	믿을 수 없을 정도로
try on clothes	옷을 입어보다

Dialogue 쇼핑을 자주 가시나요? 쇼핑과 관련하여 어떤 대화를 하는지 함께 알아볼까요?

Hello, Annie speaking.

Hi, this is Tom. Tomorrow is a holiday. Let's go shopping together.

Great! I like shopping very much.

Where do you want to go?

How about Myeongdong?

That's a good idea. I like going there. We can also have lunch in China town there.

Sounds like a plan! I look forward to meeting you tomorrow.

여보세요, 전 Annie에요.

여보세요, 나 Tom이야. 내일 휴일이잖아. 우리 쇼핑 같이 가자.

좋아! 나 쇼핑 아주 좋아해.

너 어디 가고 싶은데?

명동 어때?

좋은 생각이야. 나 거기 좋아해. 우리 명동 차이나타운에서 점심도 먹을 수 있겠다.

좋은 생각이야. 내일 얼른 만나고 싶어.

Pattern Practice

PATTERN 01

We can 동사원형

우리 ~할 수 있어. (~하자.)

설명

앞서 조동사 'can'에 대해서 함께 공부했었죠? 이번에 배울 패턴 'We can 동사 원형'은 '할 수 있다'는 의미를 가진 'can'동사의 의미가 한걸음 더 나아가 '함께 하자'는 의미를 내포한다는 것을 보여줍니다. '우리 공원으로 놀러 가자.'를 표현하고 싶을 때, 'Let's go to the park.'라고 말해도 되지만, 간단히 'can'동사를 써서 'We can go to the park.'로 표현해도 된답니다.

Practice

01 우리 거기서 Mike를 만날 수 있어.

____

02 우리 퇴근 후에 영화관에 갈 수 있어.

____

03 우리 산책하러 가자.

____

04 우리 맥주 대신에 와인을 마시자.

____

Pattern Practice

PATTERN 02

I look forward to 동명사

난 ~하는 것을 고대해.

설명

좋아하는 가수의 공연을 티켓팅하고 그날만을 고대해본 적이 있으신가요? 아니면 좋아하는 사람과 만나기로 한 날이 어서 오기를 기다려본 적이 있으신가요? 이처럼 어떤 이벤트나 소식을 기대하는 마음을 표현하기에 적절한 숙어 중 하나가 바로 'look forward to'입니다. 'look forward'라는 숙어에서 마치 저 멀리 무언가를 바라보는 것 같은 느낌이 드시나요? 이것의 확장된 개념으로 어떠한 일을 기대하고 고대하는 느낌을 표현할 때 'look forward to'를 사용하면 된답니다. 여기서 중요한 점은 전치사 'to' 다음에 기대하는 행위나 이벤트의 명사형을 써주어야 한다는 건데요. 'to 부정사'의 'to'가 아니라 전치사 'to'라는 점을 꼭 기억해주세요.

Practice

01 이탈리아 여행하는 것을 고대해.

____

02 너의 소식을 듣는 것을 고대해.

____

03 너와 오랜만에 만나는 것을 고대해.

____

04 나는 Chris를 만나는 것을 고대해.

____

Extra Pattern

There is no reason not to 동사원형
난 심지어 ~도 안 하잖아.

명작 햄릿에 나온 '사느냐 죽느냐 그것이 문제로다'는 영어로 'To be or not to be'라고 합니다. 여기서 'to 부정사의 부정형은 'not to 동사원형'이란 것을 알 수 있죠? 이번 추가 패턴에서는 부정사가 두 번 들어가 결국에는 긍정의 의미를 나타냅니다. 꼭 '~을 해야 한다'는 뜻이죠.

01 그걸 사지 않을 이유가 없어.

____

02 Jane이 하는 말을 듣지 않을 이유가 없어.

____

03 그를 초대하지 않을 이유가 없어.

____

IELTS Speaking for Beginners 아이엘츠 스피킹 빈출주제

온라인 쇼핑 (Online Shopping)

점차 온라인 쇼핑이 보편화되면서 온라인 쇼핑의 장단점과 같은 질문도 종종 출제되니 미리 아이디어를 준비해봅시다.

Q. Why do people like shopping for clothes online?

Sample Answer

I think online shopping is incredibly time-saving, because people do not have to visit malls and try on clothes. Also, people can compare different items by reading reviews. **There is no reason not to** buy clothes on the internet.

저는 온라인 쇼핑은 엄청나게 시간을 아껴준다고 생각합니다. 왜냐하면 사람들은 쇼핑몰에 들러서 옷을 입어볼 필요가 없기 때문이죠. 또한 사람들은 리뷰들을 읽음으로써 다른 물건들을 비교할 수 있습니다. 인터넷으로 옷을 안 살 이유가 없습니다.

Practice Answer

Pattern 01 We can 동사원형

1. We can meet Mike there.
2. We can go to the movies after work.
3. We can go for a walk.
4. We can drink wine instead of beer.

Pattern 02 I look forward to 동명사

1. I look forward to travelling Italy.
2. I look forward to hearing from you.
3. I look forward to catching up with you.
4. I look forward to meeting Chris.

Extra Pattern There is no reason not to 동사원형

1. There is no reason not to buy it.
2. There is no reason not to listen to Jane.
3. There is no reason not to invite him.

아이엘츠
스피킹
for
Beginners

22강 IELTS Speaking for Beginners

슈퍼에서

22강

슈퍼에서

Warm-up 오늘 학습에 필요한 어휘를 배워봅시다.

Excuse me.	실례합니다.
look for	찾다
near	근처에
the front	앞
either	(둘 중) 어느 하나, (부정문에서) ~도 (그렇다)
some	몇몇의
the back	뒤
get	구하다, 얻다
though	비록 ~이긴 하지만
find	찾다
clean up	청소하다
computer lab	컴퓨터실
seem	~인 것 같다
exotic	이국적인

Dialogue

생필품을 사러 슈퍼에 자주 가죠?
슈퍼에서 어떤 대화가 나눠지는지 확인해봅시다.

Excuse me, I'm looking for potatoes.

Can you help me find them, please?

Sure, they are near the front.

Thanks. Also, where are the tomatoes? I can't find them, either.

There are some in the back. I'll get them for you.

Thank you so much. All I need is one, though.

Ok.

실례 좀 할게요. 감자를 찾는 중인데, 좀 도와주실 수 있을까요?

물론이죠, 감자는 앞쪽에 있어요.

감사해요. 또, 토마토는 어디 있죠? 토마토도 못 찾겠네요.

토마토는 뒤쪽에 있어요. 제가 가져다 드릴게요.

정말 감사해요. 저는 딱 한 개만 필요하거든요.

알겠어요.

Pattern Practice

PATTERN 01

Can you help me 동사원형?

나 ~하는 것을 도와줄 수 있어?

설명

동사 'help'도 'make'와 같이 사역동사로 쓰일 수 있답니다. '~을/를 ~할 수 있게 도와주다'라는 의미로 쓰이는데요. 여기서 중요한 점은 목적어를 꾸며주는 목적보어 자리에 들어가는 'to 부정사'의 'to'를 생략해 사용하기도 한다는 것인데요. 따라서 'Help me to move this table.'(이 테이블을 옮기는 것을 도와줘.) 이라고 써도 되지만 'Help me move this table.'이라고 쓰는 것이 더 일반적이랍니다. 이 외에도 'help me with the problem'처럼 'with' 다음에 어떠한 상황을 붙여서 도움을 요청할 수도 있답니다.

Practice

01 나 숙제 하는 것을 도와줄 수 있어?

____

02 나 텐트 치는 것을 도와줄 수 있어?

____

03 나 길 찾는 것을 도와줄 수 있어?

____

04 나 집을 청소하는 것을 도와줄 수 있어?

____

Pattern Practice

PATTERN 02

Where is/are 명사?

~이/가 어디에 있어?

설명

외출을 하려는데 지갑이나 열쇠가 어디에 있는지 찾은 적이 있으십니까? 꼭 바쁠 때 중요한 물건은 사라지죠? 이때 '그거 어디에 있어?'라고 물을 때는 아주 간단하게 'Where is my purse?' 또는 'Where is my key?'라고 표현하면 됩니다. 그럼, 신발이나 귀걸이와 같이 여러 개를 찾아야 할 때는 어떻게 하면 좋을까요? 찾는 물건의 수에 따라 be동사의 수를 일치시키면 된답니다. 'Where are my shoes?' 또는 'Where are my earings?' 처럼요. 쉽게 기억할 수 있겠죠?

Practice

01 내 차 키 어디에 있어?

____

02 호출벨 어디에 있어?

____

03 내 교재들 어디에 있어?

____

04 그 선생님 어디에 있어?

____

Extra Pattern

There is nothing to 동사원형

~할 게 없어.

'~이 있다'고 표현할 때 'There is/are' 구문을 활용한다고 배웠었죠? 아무것도 없음을 나타낼 때는 'There is nothing'으로 표현하면 됩니다. '~할 어떤 것' 그리고 thing에 대한 설명은 'to 부정사'를 붙여서 표현해보세요.

01 여기에 할 게 없어.

____

02 바꿀 게 없어.

____

03 살 게 없어.

____

IELTS Speaking for Beginners 아이엘츠 스피킹 빈출주제

외국 음식 (Foreign Food)

음식과 관련하여 IELTS Speaking에서는 취향, 주식(main dishes), 식습관, 외국 음식 등에 대한 질문이 나오기도 합니다.

Q. What kinds of foreign food are popular in your country?

Sample Answer

Actually, there are a lot of foreign restaurants in my town. However, foreign food is not my thing. So, it seems that **there is nothing to** eat for me whenever I go to a foreign restaurant. I find foreign food too exotic.

사실 우리 동네에는 많은 외국 음식점이 있습니다. 하지만 저는 외국음식을 좋아하지 않아요. 그래서 외국 음식점을 갈 때면 저는 먹을 게 별로 없는 것 같아요. 저에게 외국 음식은 너무 이국적이거든요.

Practice Answer

Pattern 01 Can you help me 동사원형?

1. Can you help me do my homework?
2. Can you help me set up the tent?
3. Can you help me find the way?
4. Can you help me clean up the house?

Pattern 02 Where is/are 명사?

1. Where are my car keys?
2. Where is the bell?
3. Where are my course books?
4. Where is the teacher?

Extra Pattern There is nothing to 동사원형

1. There is nothing to do here.
2. There is nothing to change.
3. There is nothing to buy.

아이엘츠 스피킹 for Beginners

23강

도시와 시골

23강

도시와 시골

Warm-up 오늘 학습에 필요한 어휘를 배워봅시다.

big city	대도시
different from	~와 다른
countryside	시골 지역, 전원 지대
difference	차이점
example	사례, 예시
certainly	틀림없이, 분명히
more	더 많은
interesting	흥미로운
country	국가, 나라, 시골
sure	확신하는, 확실히 아는
dangerous	무서운
relaxed	느긋한, 여유 있는
busy	바쁜 (비교급-최상급 busy-busier-busiest)
by the way	그런데
Nope.	아니
large	(규모가)큰, (양이)많은 (비교급-최상급 larger-largest)
outside	밖에
complicated	복잡한
recharge	충전하다
since	~때문에
region	지역

Dialogue 여러분은 도시가 좋은가요? 시골이 좋은가요?
대화 속 두 사람은 어떤 생각을 가지고 있는지 확인해봅시다.

How do you like living in the big city? Is it different from the countryside?

It's good! I find there are some differences between the two, though.

Can you give me some examples?

It certainly is more interesting than the country.

True, but the city is more dangerous than the country. I'm sure that the country is more relaxed.

Yes, because the city is busier than the country.

By the way, isn't Busan the busiest city in Korea?

Nope, Seoul is the busiest and largest city in Korea.

대도시에서 사는 건 어때? 시골이랑 많이 달라?

좋아! 내 생각에 두 장소에 몇 가지 차이는 있는 거 같아.

예를 들면?

도시가 시골보다는 더 재미있어.

응, 맞아. 근데 도시는 시골보다 더 위험하지. 내 생각엔 시골이 더 여유로운 거 같아.

응, 왜냐면 도시는 시골보다 더 바쁘거든.

그건 그렇고, 한국에서 부산이 제일 붐비는 도시인가?

아니, 서울이 한국에서 가장 붐비고 큰 도시야.

Pattern Practice

PATTERN 01

How do you like 동명사?

~하는 것은 어때?

설명

앞선 챕터에서 '~ 어때?' 라는 의미로 'How about ~?'을 배웠었죠? 이번 챕터에서도 '~하는 것은 어때?'라는 의미를 가진 'How do you like 동명사?' 배울 텐데요. 두 표현 모두 묻고자 하는 것에 대한 의견을 묻기도 하지만 '함께 하자'는 제안의 의미를 내포하고 있는 표현으로 기억하면 좋을 것 같네요. 'How do you like 동명사?' 패턴 중, 동사 'like' 다음에 묻고자 하는 행위에 '-ing'를 붙여 명사형을 만들어주는 문법포인트가 있으니 이 부분을 꼭 기억해주세요.

Practice

01 시골에서 사는 것은 어때?

02 여기서 일하는 것은 어때?

03 집에서 넷플릭스 보는 것은 어때?

04 지금까지 스페인어 배우는 것은 어때?

Pattern Practice

PATTERN 02

Jane is 비교급 than Tom.

Jane은 Tom보다 더 ~해.

설명

두 가지 이상을 비교할 때 우리는 비교급을 사용합니다. 비교급 문장을 만들 때 중요한 것은 바로 형용사를 비교급으로 만들어주는 건데요. 일반적으로 1, 2음절인 형용사는 뒤에 '-er'을 붙여 비교급을 만들어주고, 3음절 이상의 형용사는 앞에 부사 'more'을 붙여주어 비교급을 만들면 됩니다. 예를 들어, 'happy(행복한/2음절)'은 'happier'로, 'interesting(흥미로운/4음절)은 'more interesting'으로 비교급을 만든답니다. 그리고 비교하는 대상을 'than(~보다)' 뒤에 붙여 비교 문장을 완성하면 된답니다. 아래 문장으로 연습해볼까요?

Practice

01 Jane은 Tom보다 더 키가 커.

____

02 Jane은 Tom보다 더 키가 크고 나이가 많아.

____

03 Jane은 Tom보다 더 바빠.

____

04 Jane은 Tom보다 더 인내심이 있어.

____

Extra Pattern

명사 is the 최상급 in Korea.
~이 한국에서 가장 ~해.

이제는 최상급에 대해서 알아봅시다. 비교급과 비슷하게 1, 2음절의 형용사는 '-est'를, 3음절 이상의 형용사는 'more' 대신 'most'를 붙이면 되는데요. 간혹 예외의 경우가 있으니 영어를 많이 접하면서 익혀봅시다.

01 서울이 한국에서 가장 큰 도시야.

___

02 김치가 한국에서 가장 유명한 음식이야.

___

03 경주가 한국에서 가장 오래된 도시야.

___

IELTS Speaking for Beginners 아이엘츠 스피킹 빈출주제

시골 (The Countryside)

대도시와 교외지역을 비교하는 문제가 종종 출제됩니다. 각 지역의 장단점, 개인의 선호도, 대중들의 선호도 등에 대해서 출제된답니다.

Q. Do you often visit the countryside?

Sample Answer

Yes, I usually go on a trip to lots of wonderful countryside regions on the weekend. I can recharge my battery after a busy week since the countryside **is more quiet than** big cities.

네, 저는 주로 주말에 여러 시골 지역으로 여행을 갑니다. 시골이 도시보다 더 조용하기 때문에 저는 바쁜 주를 보내고 재충전합니다.

Practice Answer

Pattern 01 How do you like 동명사?

1. How do you like living in the countryside?
2. How do you like working here?
3. How do you like watching Netflix at home?
4. How do you like learning Spanish so far?

Pattern 02 Jane is 비교급 than Tom.

1. Jane is taller than Tom.
2. Jane is taller and older than Tom.
3. Jane is busier than Tom.
4. Jane is more patient than Tom.

Extra Pattern 명사 is the 최상급 in Korea.

1. Seoul is the largest city in Korea.
2. Kimchi is the most famous food in Korea.
3. Kyeong-ju is the oldest city in Korea.

아이엘츠
스피킹
for
Beginners

24강

저축

24강

저축

Warm-up 오늘 학습에 필요한 어휘를 배워봅시다.

decide	결정하다
fine	질 높은, 좋은
second-hand	중고의
literally	문자 그대로
lemon	레몬
spend	(돈, 시간을) 쓰다
a lot of	많은
enough	필요한 만큼의, 충분히
tuition fee	수업료
had better	(~하는 것이) 좋을 것이다
reserve	(자리를) 예약하다
debt	빚
pay off	(돈을) 갚다
lend	빌려주다
impulsive	충동적인

Dialogue 대화 속 주인공이 차를 살지 돈을 모을지 고민이네요.
여러분의 생각은 어떤가요?

Should I buy a new car? I can't decide.

Why? Your car is fine. You don't need a new one.

Well, that car is a second-hand car. It's literally a lemon.

Well, okay. But if you buy a car, you'll have to spend a lot of money.

True. If I spend too much, I won't have enough money to pay for tuition fees.

Yeah, I think you had better not buy a new car.

나 새 차를 한 대 사야 할까? 결정을 못 하겠네

왜? 너 지금 타는 차 멀쩡해. 새 차 살 필요 없어.

글쎄, 그 차 중고차야. 사실 그 차 완전 문제가 많아.

어… 그래. 근데 너 차 한 대 사면, 돈 많이 써야 할 텐데.

맞아. 내가 돈을 너무 많이 쓰게 되면, 학비 낼 돈이 충분하지 않을 거야.

응, 내 생각에 너 차를 새로 안 사는 게 좋을 거 같아.

Pattern Practice

PATTERN 01

You will have to 동사원형

너는 ~해야 할 거야.

설명

'You have to 동사원형.'은 '너는 ~ 해야 한다'는 의무를 나타내는 의미를 가집니다. 여기에 더해, 미래에 어떠한 행동을 해야 하는 의무를 표현할 때는 미래를 나타내는 조동사 'will'을 써주면 된답니다. 앞서 본 대화문에서 처럼 친구가 차를 사게 된다면 '많은 돈을 써야 할 거야.'라고 미래의 의무에 대해서 충고해주고자 할 때 'You will have to spend a lot of money.'라고 말할 수 있겠죠.

Practice

01 너는 운전면허를 따야 할 거야.

____

02 너는 자리를 예약해야 할 거야.

____

03 너는 비타민을 좀 복용해야 할 거야.

____

04 너는 주기적으로 운동을 해야 할 거야.

____

Pattern Practice

PATTERN 02

I won't have enough money to 동사원형

난 ~할 충분한 돈이 없을 거야.

설명

단어 'enough'는 명사 앞에서 형용사 역할을 할 때도 있고(예를 들어, enough time/충분한 시간), 문장의 마지막에서 부사 역할을 할 때도 있습니다. (예를 들어, I'm full enough. / 충분히 배가 불러요.) 이 패턴에서 등장하는 'enough money'는 명사 'money'가 필요한 만큼 충분히 있다는 뜻을 나타내기 위해 enough가 형용사로 사용이 되어 'enough money'가 되었답니다. 그리고 'won't'는 'will not'의 축약형으로 발음은 'want'와 비슷하지만 조금 더 [wount/워운트]에 가깝다는 것도 함께 알아두세요!

Practice

01 난 결혼할 충분한 돈이 없을 거야.

____

02 난 새 원피스를 살 충분한 돈이 없을 거야.

____

03 난 빚을 갚을 충분한 돈이 없을 거야.

____

04 난 너에게 빌려줄 충분한 돈이 없을 거야.

____

Extra Pattern

It's nice of you to 동사원형

네가 ~하다니 착하다.

친구가 지나가는 할머니를 도와주었을 때 '할머니를 도와드리다니 착하구나.'라고 칭찬해줄 수 있죠. 영어로는 'It's nice of you to help the old lady.'가 됩니다. 'It's nice of you' 패턴 자체를 외워서 활용해 보세요.

01 네가 Jane을 도와주다니 착하다.

____

02 네가 그를 돌봐 주다니 착하다.

____

03 네가 돈을 좀 빌려주다니 착하다.

____

IELTS Speaking for Beginners 아이엘츠 스피킹 빈출주제

저축 (Saving Money)

경제와 관련해서는 돈을 저축하고 쓰는 습관과 같은 개인적인 질문도 하지만 경제 침체, 경제 원조와 같은 글로벌 이슈에 대해서도 출제됩니다.

Q. Are you good at saving money?

Sample Answer

Actually, I'm not. I'm an impulsive buyer, so I go shopping at least twice a week. But I know that if I don't break the habit, **I won't have enough money to** study abroad in the future.

사실, 저는 잘 하지 못합니다. 저는 충동적으로 구매하는 사람이거든요. 그래서 저는 일주일에 적어도 두 번은 쇼핑을 합니다. 하지만 이 습관을 고치지 않으면 미래에 유학 갈 돈이 없을 거란 것을 잘 압니다.

Practice Answer

Pattern 01 You will have to 동사원형

1. You will have to get a driver's license.
2. You will have to reserve a table.
3. You will have to take some vitamins.
4. You will have to work out regularly.

Pattern 02 I won't have enough money to 동사원형

1. I won't have enough money to get married.
2. I won't have enough money to buy a new dress.
3. I won't have enough money to pay off the debts.
4. I won't have enough money to lend you.

Extra Pattern It's nice of you to 동사원형

1. It's nice of you to help Jane.
2. It's nice of you to look after him.
3. It's nice of you to lend some money.

아이엘츠 스피킹 for Beginners

25강 IELTS Speaking for Beginners

법

25강

법

Warm-up **오늘 학습에 필요한 어휘를 배워봅시다.**

rule	지배하다, 다스리다
world	세계
remove	없애다, 치우다
border	국경, 경계
so that	~해서
travel	여행하다
freely	자유롭게
war	전쟁
technology	기술
smart	똑똑한, 영리한
device	장치, 장비
convenient	편리한
life	삶
finally	결국, 마침내
safe한, 안심할 수 있는	안전한, 안심할 수 있는
space	공간, 우주
exploration	탐험
give up on	(기대를) 단념하다
disobey	따르지 않다
pursue	추구하다

Dialogue 만약 여러분이 세상을 다스릴 수 있다면 무엇을 하시겠어요?
다음 주인공의 의견은 어떠한지 함께 알아봅시다.

If I ruled the world, I would remove all the borders so that people can travel freely. Also, there won't be any countries and wars in the world. If I had a lot of money, I would spend it on new technologies for everyone. If everyone had smart devices, they would live a much more convenient life. Finally, if I ruled the world, I would separate criminals from the world. We would live in a safe world.

내가 세상을 다스린다면, 나는 모든 국경을 없앨 거야. 그러면 사람들이 자유로이 여행할 수 있으니까. 또 세상에는 그 어떤 국가와 전쟁도 없을 거야. 내가 돈이 많이 있다면, 나는 모든 사람들을 위해 새로운 기술에 돈을 쓸 거야. 만약 모든 사람들이 스마트 기기를 가진다면, 그들은 훨씬 더 편리한 삶을 살게 되겠지. 마지막으로, 내가 세상을 다스린다면, 나는 범죄자들을 세상과 격리시킬 거야. 우리는 안전한 세상에서 살게 되겠지.

Pattern Practice

PATTERN 01

If I had a lot of money, I would 동사원형

내가 돈이 많다면, ~했을 텐데.

설명

앞에서 단어 'If'의 두 가지 사용법에 대해서 확인해보았습니다. 하나는 조건절로, '만약~한다면, ~하겠다.'의 의미를 나타낼 때 쓰이고 다른 하나는 가정법으로, 현재나 과거에 일어나지 않은 일을 반대로 가정할 때 '만약 ~(이)라면, ~할 텐데.'라는 표현입니다. 이번 패턴 'If I had a lot of money, I would 동사원형.'은 '(현재 많은 돈은 없지만) 돈이 많았더라면, 나는 ~을 할 텐데.'라는 가정을 나타낼 때 씁니다. 현재의 상황을 가정할 때는 과거 시제를, 과거의 상황을 가정할 때는 과거완료시제를 사용하는데요. 현재나 과거의 상황을 내포하고 있는지 없는지의 여부가 조건절과 가정법을 구분한답니다.

Practice

01 내가 돈이 많다면, 집을 살 텐데.

____

02 내가 돈이 많다면, 유학을 갈 텐데.

____

03 내가 돈이 많다면, 세계일주를 할 텐데.

____

04 내가 돈이 많다면, 사업을 할 텐데.

____

Pattern Practice

PATTERN 02

I would spend my money on 명사

나는 ~에 돈을 쓸 거야.

설명

'if'를 사용한 가정법에서는 주로 조동사 would(또는 could)를 사용합니다. 'would'는 'will'의 과거형으로 누가 한 말, 생각을 전달하는 문장에서 사용하기도 하고 상상하는 일의 결과에 대해 말할 때 '~할 것이다'라는 의미로 사용됩니다. 따라서 단어 'if'가 문장에 없더라도 동사 'would'로 가정하는 의미를 내포하고 있다는 것을 기억해주세요. 또한 동사 'spend'는 '돈이나 시간을 쓰다'라는 의미로 뒤에 전치사구 'on + 명사'를 사용하여 돈이나 시간을 쓰는 곳에 대한 이야기를 덧붙여주면 조금 더 구체적인 표현을 할 수 있답니다.

Practice

01 나는 교육에 돈을 쓸 거야.

____

02 나는 우주 탐사에 돈을 쓸 거야.

____

03 나는 휴가에 돈을 쓸 거야.

____

04 나는 내 취미에 돈을 쓸 거야.

____

Extra Pattern

You may have to 동사원형
너 ~해야 할지도 몰라.

'You have to 동사원형.'은 '너는 ~을 해야 한다.'라는 의미이죠? 여기에 'may'를 쓰면 확실하지 않지만 본인의 의견을 나타내게 됩니다.

01 너 그녀에 대해 포기해야 할지도 몰라.

02 너 IELTS 시험 먼저 통과해야 할지도 몰라.

03 너 군복무해야 할지도 몰라.

IELTS Speaking for Beginners 아이엘츠 스피킹 빈출주제

법 (Law)

가끔 IELTS에서 다소 무거운 주제이지만 정치에 관련하여 출제가 되곤 합니다. 시험장에서 당황하지 않도록 평소에 시사, 정치 단어를 미리 공부해둡시다.

Q. Is there any situation that people might disobey the law?

Sample Answer

Yes, there are situations when people disobey the law. Laws are not followed by people when they pursue their own benefits or may have to protect themselves, in the case of self-defence.

네, 사람들이 법을 따르지 않는 경우가 있습니다. 사람들이 자신의 이익을 추구할 때나 자기 방어와 같은 그들 스스로를 보호해야 할지도 모르는 경우에 법은 지켜지지 않습니다.

Practice Answer

Pattern 01 If I had a lot of money, I would 동사원형

1. If I had a lot of money, I would buy a house.
2. If I had a lot of money, I would study overseas.
3. If I had a lot of money, I would travel around the world.
4. If I had a lot of money, I would start a business.

Pattern 02 I would spend my money on 명사

1. I would spend my money on education.
2. I would spend my money on space exploration.
3. I would spend my money on vacation.
4. I would spend my money on my hobbies.

Extra Pattern You may have to 동사원형

1. You may have to give up on her.
2. You may have to pass IELTS exam first.
3. You may have to serve the military.

Note

Note

Note

Note

아이엘츠
스피킹
for
Beginners